KB077724

이야기가 있는 백제

문화재로 만나는 백제의 흔적

일러두기

1. 유물을 소개할 때는 현재의 지명을, 과거의 기록을 이야기할 때는 과거의 지명을 쓰는 것을 원칙으로 합니다. **예** '부여' 정림사지 오층석탑 / 성왕은 '사비'로 천도했다.

2. 인명의 경우 역사서의 기록을 근거로 합니다.

3. 책의 내용에 인용된 원문이나 자세한 내용은 주석 혹은 참고문헌을 보시면 됩니다.

　강의에 들어가기 전 칠판에 백제라는 단어를 적어두고, 어떤 것이 생각나는지 물어볼 때가 있다. 이때 수강생들은 자신만만하게 황산벌이나 서동요, 온조 등을 이야기한다. 그리고 이 가운데 가장 많이 나오는 의견이 의자왕과 삼천궁녀다. 지금은 마치 고유명사처럼 인식될 만큼 널리 알려진 이야기지만, 삼천궁녀라는 말은 문학적인 표현에 불과할 뿐 사실이라는 근거는 동시대 어느 자료에서도 찾아볼 수가 없다. 그럼에도 이러한 내용이 널리 알려진 건 삼천궁녀가 주는 의미, 즉 의자왕의 주색과 폭정이 백제 멸망의 원인이라는 것을 보여주기 위한 것으로 백제에 대한 왜곡된 역사 인식을 단적으로 보여주는 사례다.

　백제와 관련한 책을 집필해야겠다고 마음먹은 건 바로 이 때문이다. 백제의 역사와 문화를 보다 쉽게 접근할 수 있는 책이 있었으면 좋겠다는 그런 생각으로, 지난 2년에 걸친 현장 답사가 이루어졌다. 그리고 그 결과물로 나온 것이 바로 이 책이다. 하지만 책을 집필하는 과정이 쉽지는 않았는데, 보통 기록을 취합해서 책을 내는 경우 역사적 흐름이 끊기는 일은 없지만, 이번 책처럼 현장의 문화재를 통해 백제의 역사를 조명할 경우 전체적인 역사의 흐름을 알기란 쉽지 않았다. 여기에 단순히 문화재만 소개하는 것이 아닌 문화재에 담긴 의미와 이야기를 덧붙여야 했기에 국·내외 사료들을 비롯한 논문 등의 교차 분석이 이루어져야 했다.

필자의 경우 전문적인 연구를 진행하는 학자가 아니기에, 더욱 책을 집필하는 과정에서 역사적 사실과 근거는 중요한 잣대로 작용했다. 적어도 이 책이 부정확한 오류를 담아서 독자들에게 혼란을 초래해서는 안 되기 때문에, 아래 기준에 의해 책을 집필하고자 했음을 밝힌다.

- 사료에 명확한 기록이 남겨진 경우
- 발굴 조사를 통해 위의 기록이 입증이 된 경우
- 사료에는 없지만 발굴 조사 혹은 금석문을 통해 사실이 입증이 된 경우

위의 기준은 기본적으로 이 책의 방향성을 담고 있다. 물론 이것만 가지고 백제를 이해하는데 한계가 있기 때문에 지리지와 전승 등의 내용을 보충하는 형태로 서술했다. 또한 연구자들의 학

술자료를 검토하고, 역사적 해석에 대한 부분도 함께 담고자 했다. 특히 무령왕릉의 지석처럼 확실한 유물이 있는 경우를 제외하면, 다양한 학설이 있을 수밖에 없기에 이 부분은 다수설과 소수설을 함께 병기해 독자들의 판단에 맡기고자 한다.

　이 책은 현장에 남겨진 백제 역사 유적을 중심으로 여기에 이야기를 덧붙여 일반인들이 보다 쉽게 백제를 이해하는데 주안점을 두고 있다. 따라서 이 책이 학술연구 서적이 아닌 일반 대중서를 지향하고 있다는 점을 밝힌다. 마지막으로 이 책의 기본 구상과 그 내용을 확정하기까지 큰 그림과 영감을 주었으며, 많은 자료와 조언으로 도움을 주신 이도학 교수님과 김성태 박사님, 김준혁 교수님께 감사의 인사를 드린다. 아울러 이 책이 나오기까지 물심양면으로 지지해준 아내와 딸 유나에게 이 책을 바친다.

어느 따스한 봄날
수원 칠보산이 보이는 곳에서

◆
차례

책머리에 • 3

제1장 / 우리는 백제에 대해 얼마나 알고 있을까?

01 백제의 건국과 마한 정복 • 10

02 요서 진출설 이해 • 21

03 백제는 하나가 아니다? • 27

제2장 / 백제의 시기 구분

01 한성백제 • 34

02 웅진백제 • 39

03 사비백제 • 45

제3장 / 문화재로 만나는 백제의 흔적

01 문화재로 보는 한성백제

풍납동토성과 몽촌토성 사라진 백제의 첫 도읍, 위례성은 어디에? • 56

풍납동토성 경당지구 목이 부러진 토제마가 발견되는 이유는? • 64

석촌동 고분군 적석총을 통해 백제의 기원을 알 수 있다 • 71

길성리토성과 마하리 고분군 수원, 화성, 오산에 남겨진 백제의 흔적 • 77

02 문화재로 보는 웅진백제

공산성 백제가 두 번째 수도로 웅진을 택한 이유 •86

송산리 고분군 가루베지온에 의해 도굴되어 버린 송산리 고분군 •92

무령왕릉 한국 고고학의 흑역사로 기록된 무령왕릉 발굴 •97

03 문화재로 보는 사비백제

부여 나성, 관북리 유적과 부소산성 새로운 계획도시, 사비로의 천도 •109

왕흥사지와 능산리사지 왕흥사지 사리기와 창왕명석조사리감 •117

정림사지 정림사지 오층석탑에 새겨진 「대당평백제국비명」 •125

천정대 삼국유사 속 역사의 현장! 천정대와 호암사지 •131

낙화암과 의자왕단 백제 멸망의 상징, 삼천궁녀는 사실일까? •135

04 또 하나의 백제, 익산

마룡지와 익산토성, 쌍릉, 미륵사지

〈서동요〉 설화를 간직한 익산, 무왕이 들려주는 역사의 흔적 •148

왕궁리 유적과 제석사지 무왕은 익산으로 천도했을까? •166

제4장 / 문화재를 통해 백제를 떠올리다

01 백제계 석탑이 고려 때 나타난 이유는? •177

02 익산 입점리 고분과 지방 통치의 비밀을 담고 있는 금동관 •186

맺음말 •192

저자가 추천하는 탐방코스 •195

참고문헌 •201

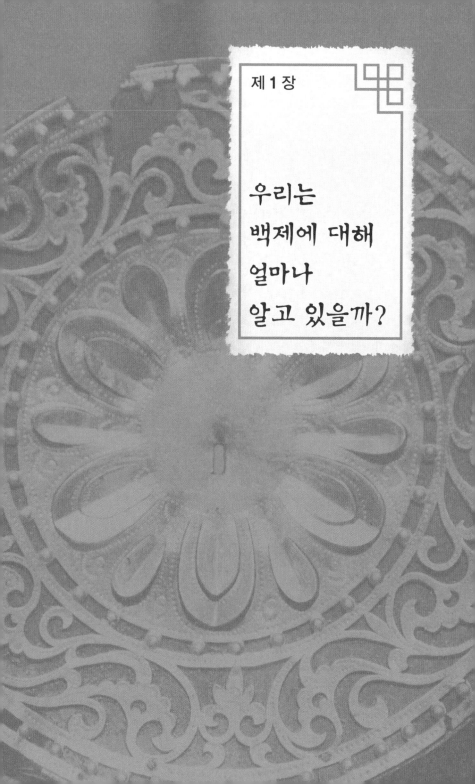

제 1 장

우리는
백제에 대해
얼마나
알고 있을까?

01 백제의 건국과 마한 정복

필자에게 백제는 패배하고 잊힌 역사라는 감정과 함께 검이불루 화이불치(儉而不陋 華而不侈), 즉 검소하지만 누추하지 않고 화려하지만 사치스럽지 않은 모습으로 인식된다. 이러한 백제는 기록적인 측면에서 보자면 부실한 편에 속하는데, 현존하는 가장 오래된 정사인『삼국사기』에서도 그 분량이 가장 적다. 따라서 백제의 역사를 조명하기 위해서는 중국과 일본에 남아 있는 기록과 출토되는 유물이나 금석문 등의 교차 분석을 통해 복원해야 하는 한계를 지니고 있다.

우선 백제 건국에 관한 내용은『삼국사기』와『삼국유사』를 통해 알 수 있는데, 백제의 건국을 이해하기 위해서는 고구려의 건국 과정에 대한 이해가 있어야 한다. 역시 설화의 형태이긴 하지만, 고구려를 건국한 추모왕(鄒牟王, 주몽)의 어머니는 하백의 딸인 유화부인(柳花夫人)이며, 천제의 아들인 해모수(解慕漱)와 정을 통하여 낳은 아들이 바로 '주몽(朱蒙)'이다. 설화에는 당시 부여의 왕인 금와(金蛙)가 유화부인을 궁으로 데려왔는데, 방에 있는 유화부인을 향해 햇빛이 따라다니는 현상이 있은 뒤 임신하여 알을 낳게 된

| **경주 나정** | 신라 건국의 시조 박혁거세의 난생설화가 전해지는 곳이다. 또한 부여나 고구려, 가야의 건국 시조들 역시 이주민 출신이면서 동시에 권위를 높이기 위한 수단으로 난생설화가 활용되었다.

다. 이를 괴이하게 여긴 금와가 알을 버리라고 하지만, 짐승의 보호 속에 결국 유화부인에게 돌려주었으며, 주몽은 이 알에서 태어난 것으로 묘사가 된다. 대개 이러한 난생설화(卵生說話)는 천손의 의식과 권위를 높이기 위한 장치로, 그 출신이 이주민인 것을 상징하고 있다.

기록상 부여에 있던 주몽은 예씨부인(禮氏夫人)과 혼인을 한 뒤, 둘 사이에서 아들 유리(類利)를 두었다. 궁에서 생활을 했지만 대소를 비롯한 왕자들의 시기와 질투 속에 주몽은 생명의 위협을 느껴 오이(烏伊), 마리(摩離), 협보(陝父)와 함께 부여를 탈출하게 된다. 이후 주몽은 졸본(卒本, 오녀산성 추정)에 이르러 도읍을 정했다고 했는데, 온조왕조의 기록을 보면 당시 졸본 지역에 졸본부여라는 나라가 있었음을 알 수 있다. 졸본부여의 왕[01]에게는 딸이 셋 있었는데, 주몽이 큰 인물이라는 것을 알고 둘째 딸을 그에게 주었다. 즉 주몽은 왕국을 세운 것이 아니라 졸본부여 왕의 사위가 되어 이를 물려받은 것이 된다.

그리고 이때 주몽과 혼인한 이가 소서노(召西奴)로, 소서노는 북부여 해부루왕(解扶婁王)[02]의 서손인 우태(優台)와 혼인을 한 뒤 아들을 둘 낳았는데, 이 아들이 바로 온조(溫祚)와 비류(沸流)다. 하지만 부여에 있던 주몽의 아들 유리와 예씨부인이 고구려로 오면서 상황이 변하게 된다. 주몽이 자신의 핏줄을 이은 유리를 태자로 세우자 권력에서 밀려난 온조와 비류는 어머니 소서노와 일단의 신하들과 함께 고구려를 떠나 남하하게 된다. 그리고 남하를 하던 두 형제는 한산의 부아악(負兒岳)에 이르러 의견이 갈렸는데, 온조는 위례성(慰禮城)에 도읍하고, 비류는 미추홀(彌鄒忽)에 도읍을 하게 된 것이다.

---

01 『삼국사기』 권23, 온조왕조. 소서노의 아버지가 연타발로 등장하고 있다.
02 『삼국사기』 권13, 동명성왕조. 고구려 건국설화에서 해부루왕이 금와의 아버지로 소개되고 있다.

| **행주산성에서 바라본 북한산** | 온조와 비류가 올랐던 부아악으로 보는 견해가 있다.

| **성남 영장산 망경암에서 바라본 서울 송파구 일원** | 위례성의 유력한 후보지로 거론되는 풍납동토성과 한성백제 시기의 문화재인 몽촌토성. 석촌동 고분군 등이 자리하고 있다.

| **김제 벽골제(碧骨堤)** | 330년 축조된 저수지로, 한성백제 시기의 토목기술을 잘 보여준다.[03]

　당시 온조는 나라의 이름을 십제(十濟)라 했는데, 이는 10명의 신하들이 보좌한 것에서 유래했다. 한편 비류가 정착한 미추홀의 환경은 습하고 물이 짜서 생활하기 좋지 않았는데, 한동안 공존하던 온조와 비류의 세력은 비류가 세상을 떠난 시점을 기준으로 온조의 세력으로 통합된다. 그리고 이때 국호를 십제에서 백제(百濟)로 바꾸게 되며, 세력이 그만큼 커졌음을 보여주고 있는 것이다. 『삼국사기』에 따르면 온조왕은 기원전 18년 백제를 건국하는데, 그 해 5월에 동명왕(東明王)의 사당을 세웠다. 통상 동명왕을

03　『삼국사기』권2. 흘해이사금조 "처음으로 벽골지를 만들었는데, 둑의 길이가 1,800보였다". 원문은 다음과 같다. "始開碧骨池 岸長一千八百步"

| 모형도로 바라본 풍납동토성과 몽촌토성 | 한강 유역을 중심으로 한성백제의 시대가 시작된다.

고구려의 주몽으로 오해하는 경향이 있는데, 해당 기록에 등장하는 동명왕은 부여 건국의 시조인 동명왕을 이야기하고 있다. 부여의 건국 시조인 동명왕은 고구려를 건국한 추모왕의 설화와 유사성을 드러내고 있어 뒤에 고구려가 건국 신화를 표절한 것으로 보는 견해도 있다.

한편『후한서』동이열전에는 동명왕의 출신지와 관련해 색리국(索離國)[04]이 등장하고 있다. 설화의 내용은 색리국의 왕이 출행하

---

04 『후한서』동이열전. 동명왕이 '색리국' 출신으로 소개되고 있다. 반면 왕충의『논형』에서는 '탁리국'으로 기록된 차이를 보인다.

는 과정에서 시종이 아이를 배어 남자아이를 낳았는데, 이를 기이하다 하여 돼지우리와 마구간에 버렸음에도 오히려 돼지와 말들이 아기를 보살피는 행동을 보였다. 이후에도 색리국의 왕에 의해 생명의 위협을 느끼는 상황이 오자, 이에 남쪽으로 달아나게 되는데, 이때 부여에 이르러 왕이 되었다는 것이 동명왕의 설화다. 따라서 동명왕의 사당을 지은 것은 백제인들 스스로 기원을 부여에서 찾고 있음을 보여주는 대표적인 사례다. 또한 일본의 『속일본기』에도 백제의 시조로 도모왕(都慕王)과 관련한 설화가 기록되어 있는데, 그 내용이 마치 동명왕 설화와 유사한 것을 볼 수 있다.[05]

이처럼 위례성에 도읍을 한 백제는 당시 경기도와 충청도, 전라도 일대의 연맹체인 마한 54개국 중 하나였는데, 당시 마한(馬韓)을 대표했던 목지국(目支國)의 왕을 진왕으로 불렀다.[06] 서기 6년 백제가 웅천에 목책을 세우자 마한의 왕이 사신을 보내 책망하며, 발을 디딜 곳 없는 온조의 세력에게 동북의 1백 리를 내어주었다고 하고 있어 백제의 건국 당시 상황을 알 수가 있다.[07] 결국 초기 백제는 마한의 하나로 시작해 성장할 수 있었으며, 궁극적

05 김화경, 2010, 『백제 건국신화의 연구』, 영남대학교
06 『후한서』 동이열전, 『삼국지』 「위서」 동이전, 한조에 백제가 언급되고 있다. 목지국과 관련해 지금의 충청남도 천안, 전라북도 익산, 경기도 광주시 등으로 보는 견해가 있다.
07 『삼국사기』 권23, 온조왕 24년조

으로 백제가 강해지기 위해서는 마한에 대한 정복이 필수적인 과제였다. 따라서 백제의 마한 병합 과정을 이해하는 것은 초기 백제의 발전 과정을 이해하는 데 있어 중요하다.

백제의 마한 정복은 언제 이루어졌는가?

백제의 마한 정복에 관한 자세한 기록이 남아있지 않아 언제 어떻게 마무리된 것인지는 논란이 있다. 우선 『삼국사기』를 보면 서기 8년, 온조왕은 사냥을 한다는 구실로 마한을 습격하여 나라를 합병, 온조왕 때 마한을 정복한 것으로 나오고 있다.[08] 하지만 이러한 기록은 고고학적 성과와 대치되는 것으로 온조왕 대에 마한의 전체가 정복되었다는 것은 사실상 인정받기 어렵다. 한편 전라남도를 포함한 마한의 정복을 근초고왕 대에 이루어졌다고 보는데, 『일본서기』에 등장하는 마한 정복 기사를 근거로 하고 있다.[09] 하지만 6세기 전반까지 영산강 유역을 중심으로 독자적인 문화를 가진 세력이 존재하고 있음이 발굴 조사를 통해 확인이 되고 있다. 그 대표적인 사례가 전방후원분(前方後圓墳)과 옹관묘(甕棺墓)다.

---

08 『삼국사기』 권23, 온조왕 26년조. 마한 정복과 관련한 최초의 기록이나 고고학적 성과와는 배치된다.
09 『일본서기』 권9, 신공 49년조. "남만(南蠻) 침미다례(忱彌多禮)를 무찌르고 백제에게 주었다. 이에 백제왕 초고(肖古)와 왕자 귀수(貴須) 또한 군대를 이끌고 와서 만났다. 그때 비리(比利), 벽중(辟中), 포미지(布彌支), 반고(半古) 4읍(四邑)이 스스로 항복하였다"

| 해남 방산리 장고봉 고분 | 일본에서 확인되는 전방후원분으로, 영산강을 중심으로 전라남도 일대에서 집중적으로 확인되고 있다.

| 옹관묘 | 백제와는 다른 묘제 양식인 옹관묘를 통해 전라남도 일대에 다른 정치 세력이 있었음을 알 수 있다.

| **정읍 은선리 고분군 11호분 석실묘** | 석실묘를 통해 백제의 세력 확장을 확인해볼 수 있다.

이는 백제의 묘제 양식과 확연한 차이를 보이는데, 이러한 고고학적 성과를 따를 경우 전라남도는 여전히 마한의 잔여 세력이 있었다고 볼 수 있다. 따라서 근초고왕 대에 백제는 전북까지 영향을 미친 것으로 보고, 그 하한선의 기점을 노령산맥으로 보는 견해가 제시되고 있다.[10] 이는 백제의 5방 가운데 하나인 고사성(=정읍 고사부리성)과 인근에 분포하고 있는 정읍 은선리 고분군 등을 통해 유추할 수 있다. 이러한 마한 세력의 정복이 이루어진 것은 역설적으로 백제가 웅진으로 천도한 이후로 보인다. 실제 『삼국

---

10 이도학, 2003, 『살아있는 백제사』, 휴머니스트. 이도학은 『한원』 백제조에 등장하는 구소를 마한의 구소국으로 보고, 삼족토기와 백제 후기 석실묘를 근거로 노령산맥을 기점으로 보고 있다.

사기』의 기록을 통해 백제가 전라남도에 영향력을 미친 것을 확인할 수 있다.

> "8월, 탐라가 공물과 조세를 바치지 않는다 하여 임금이 직접 치려고 무진주(武珍州)에 이르니, 탐라에서 소문을 듣고 사신을 보내 사죄하므로 곧 중지하였다"
>
> －『삼국사기』 동성왕조 20년(498년) 8월 기사 중

무진주(武珍州)는 지금의 광주광역시로, 동성왕이 친정을 위해 광주까지 내려왔음을 이야기하고 있다. 이 때문에 적어도 동성왕 시기를 기점으로 영산강 유역에 대한 직접 통치가 이루어진 것으로 추정된다. 훗날 후백제를 건국한 견훤(甄萱)이 무진주에서 거병했지만, 이내 도읍을 완산주(完山州)로 옮긴 배경에는 전북 지역과 달리 전남 지역의 경우 백제에 대한 동질성이 약했기 때문이라는 추론이 가능해진다.

02 요서 진출설 이해

백제사의 가장 논란이 되는 부분 중 하나는 바로 백제의 요서 진출과 관련한 내용이다. 요서 진출의 핵심은 백제가 중국의 요서 지역에 영토 내지는 영향력을 행사했다는 것인데, 보는 사람에 따라 대륙백제라고도 하고, 요서 경략설로도 부른다. 굳이 이번 장에서 요서 진출이라 이름한 것은 남겨진 사료의 교차 분석을 통해 어떠한 방식으로든 백제가 요서 지역에 영향력을 행사했을 개연성은 높지만, 직접적인 영토로서의 통치가 이루어졌는지에 대해서는 아직 논란이 되고 있기 때문이다. 게다가 사료 이외에 아직까지 이 설을 입증하는 고고학적 발견이 이루어지지 않았다는 점 역시 감안할 필요가 있다. 때문에 국사 교과서에도 요서 경략보다는 요서 진출설이라는 절충적인 입장을 제시하고 있고, 이러한 입장을 본 장에서도 따른다.

넓은 범주에서 백제가 요서 지역에 영향력을 행사했을 개연성은 있는 것으로 보인다. 다만 요서 진출의 형태와 관련해 학자들마다 의견이 상충되기에 명확하게 규명하기란 쉽지 않다. 또한 요서 진출과 관련해 유념해야 할 점은, 요서로의 진출이 곧 영토

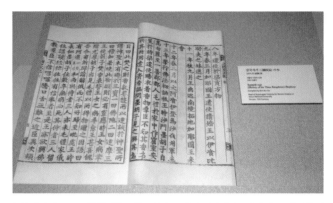

| 우리의 손으로 기록한 현존하는 가장 오래된 정사 『삼국사기』 | 요서 진출과 관련한 명확한 기록은 남아 있지 않다.

로 귀결되지는 않는다는 점이다. 이는 백제가 요서로 진출했더라도 일시적인 진출이었을 가능성 역시 배제할 수 없기에, 일부에서 주장하는 대륙백제를 지지하는 설로 쓰이는 것은 경계해야 하는 것이다. 그렇다면 백제는 왜 요서로 진출을 했던 것일까? 그답은 중국 측 사료를 찾아봐야 하는데, 우선 남겨진 기록에 그 해답이 있다.

"진나라 때 고구려가 요동을 경략하자, 백제가 요서와 진평 2군을 점거했다. 지금의 유성과 북평의 사이다"[11]

– 『통전』 백제전 중

---

11   원문은 다음과 같다. "晉時句麗旣略有遼東 百濟亦據有遼西 晉平二郡 今柳城 北平之間"

『통전』백제전에는 백제가 요서 진출을 한 이유에 대해 고구려가 요동으로 진출하자 이에 대항해 요서와 진평 2군을 점거했다고 했는데, 이는『남사』백제전에도 등장하고 있다. 즉 당시 동북아시아의 국제 정세에서 고구려의 요동 점령을 견제하기 위한 포석이었던 셈이다. 이러한 목적과 함께 진나라가 팔왕의 난과 영가의 난을 거치며 스스로 자멸, 5호 16국 시대가 열렸던 것을 감안하면 일시적이나마 백제가 요서로 진출했을 개연성은 충분히 있다. 아래『양직공도』에는 백제의 사신이 그려져 있는데, 그 옆에 명문으로 백제와 관련한 기록을 남기고 있다.

"백제는 마한의 무리로, 진나라 말기에 고구려가 요동을 경략하자 낙랑 역시 요서 진평현에 있었다.[12] <중략>··· 백제는 도성을 고마라고 하는데, 읍을 담로라고 한다. 이는 중국의 군현과 같은 말로 백제는 22담로가 있어 왕의 자제나 종족들에게 다스리게 했다"

– 『양직공도』 중

다만『양직공도』에 등장하는 요서진출의 주체가 백제가 아닌 낙랑이라는 점은 논란의 여지가 있다. 또한 중국 측 사료 역시 대부분 남조 국가들의 사서에서만 등장할 뿐, 북조 국가들의 사서에서는 백제의 요서 진출 기록은 확인하기가 어렵다. 한편『양직공

---

12   원문은 다음과 같다. "百濟舊來夷 馬韓之屬 晉末駒驪旣略有遼東, 樂浪亦有遼西晉平縣"

| 『양직공도』에 그려진 백제 사신과 명문 | 요서 진출과 관련한 기록이 있지만 그 주체가 백제가 아닌 낙랑으로 기록되어 있다.

도』에 등장하는 낙랑은 한사군(=한군현)의 하나로, 본래 평양에 위치하고 있었다. 그러다 미천왕 때인 313년 고구려에 의해 평양에서 축출이 된다. 그런데 이때 낙랑군이 없어진 것은 아니었다. 『자치통감』에는 낙랑군을 이끌던 장통(張統)이 왕준(王遵)의 설득을 받아들여 천여가를 이끌고 연나라 모용외에게 망명하게 된다. 이에 모용외는 새롭게 낙랑군을 설치해 장통을 태수로 삼고, 왕준을 참군사로 삼았다고 기록하고 있다. 모용외의 입장에서 보면 낙랑군 유민들을 활용해 고구려를 견제할 수 있었기에, 요서에 낙랑군을 만들어 주었던 것이다.[13] 이처럼 옛 지명을 활용한다는 의미에서 이를 교치(僑置)라 부른다. 이러한 사례는 나당전쟁으로 신라에 의해 웅진도독부가 축출되자 이에 당나라가 요동의 건안고성을 중심으로 백제를 유지시켜준 것에서 찾을 수 있다.

한편 '교치'를 통해 옮겨진 낙랑군은 『통전』에 기록된 유성과 북

---

13 안정복, 『동사강목』 부록 하권, 사군고, "이것은 별도로 요계(遼界)에 두어, 옛 이름을 그대로 칭하기를 마치 후세의 요령(遼領)하는 예와 같이 한 것이지 한 나라 때의 옛 군은 아니다"

| 대통사(大通寺)명 토제벼루(좌), 송산리 6호분 출토 양선이위사위(梁宣以爲師矣)명 벽돌(우)[14] | 해당 명문을 통해 백제와 남조 국가들과의 인적, 물적 교류가 진행되고 있었음을 알 수 있다.

평의 위치가 유사하다는 점에서 백제와 낙랑의 착오 가능성으로 보는 견해가 있다.[15] 이와 함께 385년 7월과 11월에 이르는 기간에 부여의 유민으로 알려진 여암이 후연을 상대로 일으킨 반란을 주목하는데, 이때 여암을 도와 백제의 요서 진출이 있었다고 보는 견해도 있다.[16] 이 경우 짧은 기간이지만 백제의 군사 활동이 있었다고 보는 것이다. 그럼에도 백제의 요서 진출을 입증해줄

---

14 국립중앙박물관, 2016, 『세계유산 백제전, 도록』, p. 186. '양선이위사위(梁宣以爲師矣)' 명문과 관련해 "양나라 사람인 선이 총사로서 분묘의 축조를 감제하였다"고 해석하고 있다. 반면 국립공주박물관의 경우 "중국 양나라 관영공방의 기와를 본보기로 삼았다"고 해석한다.

15 한국고대사학회, 2017, 『우리 시대의 한국고대사2』, 주류성, p. 85

16 젊은역사학자모임, 2018, 『욕망 너머의 한국 고대사』, 서해문집, p. 110

수 있는 고고학적 성과가 없다는 점은 요서 진출설의 가장 큰 난제다.

이처럼 현재까지 남겨진 사료만으로는 백제의 요서 진출을 명확하게 규명하기란 쉽지 않은 일로, 이를 입증할 유물과 현장 등의 교차 분석을 통해 요서 진출의 실체에 접근해야 한다. 그렇기에 앞으로도 지속적인 연구가 필요한 과제로 성급하게 평가를 내리는 것은 지양해야 한다. 다만 중국 측의 기록에서 요서 진출과 관련한 부분이 다수 확인되는 만큼 백제가 어떤 방식으로든 영향력을 행사했을 가능성은 부정할 수 없기에 충분히 검토해야 할 주제라고 할 수 있다.

03 백제는 하나가 아니다?

부여와 고구려, 신라, 가야의 건국 시조들의 경우 난생설화를 차용해 신비로움과 권위를 부여한 반면 백제 건국의 시조는 이런 장치가 없는 것이 특징이다. 그런데 백제의 건국 시조와 관련해 사료의 내용이 서로 상반되는 모습을 보인다. 우선『삼국사기』는 백제의 시조로 온조와 비류가 등장하고 있는데, 고구려를 떠난 이들 형제가 백제를 건국한 것은 앞서 살펴본 내용과 같다. 그런데 중국 측 사서에는 백제의 시조로 구태(仇台)라는 인물이 등장하고 있다. 아래『수서』백제전의 기록을 보면 다음과 같다.

"동명의 후손 중 구태가 있었는데, 인자하고 믿음이 있었다. 처음 나라를 대방의 옛 땅에 세웠다. 한의 요동 태수 공손도가 딸을 주어 아내로 삼게 했으며, 점차 번성하여 동이의 강국이 되었다. 처음 백가의 집이 바다를 건너왔다고 해서 백제라 불렀다."[17]

– 『수서』백제전 중

---

[17] 『수서』백제전, 원문은 다음과 같다. "<東明>之後, 有<仇台>者, 篤於仁信, 始立其國于<帶方>故地. <漢><遼東>太守<公孫度>以女妻之, 漸以昌盛, 爲東夷強國. 初以百家濟海, 因號<百濟>"

위의 기록을 보면 동명의 후손인 구태가 대방(帶方) 땅에 백제를 세웠다고 기록하고 있다. 또한 구태가 살았던 시기는 요동 태수 공손도(?~204)를 통해 알 수 있다. 위의 언급된 기록만 보면 백제의 시조는 구태인 셈인데, 이 경우 온조가 백제를 건국했다는 『삼국사기』의 기록과는 맞지가 않게 된다. 반면 공손도가 활동할 시기에 부여에 위구태(尉仇台)라는 인물이 등장하고 있는데, 최초 위구태가 등장한 기록은 『삼국사기』와 『후한서』에서 찾아볼 수 있다. 이 두 기록을 교차해보면 120년 12월[18], 고구려와 마한[19], 예맥의 군사들이 현도성(玄菟城)을 포위했는데, 이때 부여왕의 아들 위구태가 2만 군사를 이끌고 한나라를 도왔다. 따라서 중국 측 사서에 등장하는 구태는 당시 부여의 왕 혹은 왕자를 지칭했을 가능성이 높다.[20] 즉 당시의 한나라가 부여와 백제를 동일하게 봤거나 혼동했을 가능성을 이야기할 수 있다.[21] 이렇게 본다면 부여의 왕인 위구태가 공손도의 딸과 결혼을 했던 것도 부여에 위협이 되는 고구려와 선비를 견제하고, 자국의 안전을 위한 것임을 알 수 있다.

---

18 『삼국사기』 권15, 태조대왕 69년, 121년으로 기록되어 있다.

19 『삼국사기』 권15, 태조대왕 70년, 김부식은 주석을 통해 마한이 백제 온조왕 27년에 멸망했는데, 고구려왕과 함께 군사 행동한 것을 이상하게 여겨 멸망 후 다시 일어난 것인지 의문을 표시하고 있다.

20 『통전』 백제전, "백제는 후한말 부여왕 위구태의 후손이다." 원문은 다음과 같다. "百濟 卽後漢末夫餘王尉仇台之後"

21 안정복, 『동사강목』 부록 상권, '우태(優台)와 구태(仇台)의 분별', "이는 동명으로 부여국의 왕을 삼은 것인데, 그 말은 대개 《후한서》의 그릇된 것을 인용한 것이다. 부여국(扶餘國)에 보인다."

| 하남 이성산성 성벽(상), 9각 건물지(하) | 이성산성은 위례성의 후보지로 거론되던 곳이다. 정약용은 『여유당전서』에서 위례성을 광주고읍, 지금의 춘궁동 일대로 비정한 바 있다. 한편 이성산성에서 확인되는 9각 건물지 경우 제사용도의 건물지로 추정된다.

| **풍납동토성 경당지구 44호 건물 모형** | 몸자 형태의 특이한 건물로, 출토되는 유물을 통해 제사 용도의 건물로 추정하고 있다. 실제 『삼국사기』를 보면 온조왕이 백제를 건국한 뒤 '동명왕(東明王)'의 사당을 세웠다고 기록하고 있다.

아직 실체에 대한 논란이 있는 구태백제와 관련해 다양한 견해가 등장했는데, 우선 구태를 백제의 왕 중 고이왕(재위 234~286)으로 보는 견해가 있다. 이는 구태와 고이왕의 음이 통한다는 점을 주목한 것인데, 문제는 백제의 시조가 고이왕이라는 기록은 어디에서도 찾을 수가 없다. 따라서 단순히 음이 통한다는 이유로 '구태=고이왕'이라고 비정하는 것은 논리적이지 않다. 또한 구태백제와 관련해 시조에 따른 구분, 즉 온조백제와 비류백제, 구태백제가 모두 개별적인 것이라는 것을 전제로, 구태백제가 한반도가 아닌 만주에 자리했던 백제라는 견해가 있다.

이는 중국 측 사료에 백제가 요동에 있었다는 기록이 있고, 『자치통감』에서 346년 백제가 부여를 침공한 기록이 있기 때문이다. 즉 만주백제설의 주장은 한강 유역에 온조백제가 있고, 만주에 구태백제가 양립하고 있다가 343년 백제와 연나라와의 전투에서 큰 패배를 당하며, 한반도로 남하해 온조백제와 합류했다는 것이 만주백제설의 핵심이다.[22] 이와 함께 구태백제의 위치와 관련해 황해도냐 만주 지방이냐 등 학자마다 다양한 의견들이 제기되고 있지만, 사료나 유물이 너무 제한적이기 때문에 앞으로도 연구가 필요한 부분이라 할 수 있다.

---

22   이도학, 2003, 앞의 책, p. 54

제 2 장

백제의
시기 구분

01 한성백제

백제는 삼국 중 가장 먼저 패망했다는 인식 때문에 가려져 있어 그렇지 678년의 역사를 간직한 나라다. 동시대에 중국 왕조들이 채 200년을 넘기기 힘들었던 것과 비교해보면 오랜 기간 존속했다. 통상 백제를 이야기할 때 도읍을 했던 명칭을 붙여 한성백제, 웅진백제, 사비백제로 구분하고 있는데, 아래 표를 참고하면 된다.

	한성백제	웅진백제	사비백제
위치	위례성 (서울 송파구 추정)	웅진성 (충남 공주시)	사비성 (충남 부여군)
기간	B.C 18~475	475~538	538~660
왕릉	석촌동 고분군	송산리 고분군	능산리 고분군
천도 사유	고구려를 떠나 남하했던 온조왕에 의해 건국	장수왕의 남진과 개로왕의 피살, 비자발적인 천도로 임시 수도의 성격	왕권 강화와 함께 새로운 계획도시로서의 사비 천도 단행
주요 유적	풍납동토성 몽촌토성 삼성동 토성 방이동 고분군 등	공산성 정지산 유적 대통사지 수촌리 고분군 등	부여 나성 부소산성과 관북리 유적 정림사지 오층석탑, 왕흥사지 등

표 1 백제의 시기 구분

사라진 백제의 수도, 위례성과 한성백제

최초 백제는 마한 54개국 중 하나에 불과했지만, 백제는 점차 주변 마한 소국들을 정복하면서 영향력을 강화해 나갔다. 백제는 건국을 시작으로 인접한 낙랑군(樂浪郡)과 대방군(帶方郡), 고구려 등은 넘어야 할 산이었다. 실제 책계왕(재위 286~298)은 한나라와 맥인들이 합세한 전쟁 중에 전사했으며,[23] 분서왕(재위 298~304)의 경우 낙랑 자객에 의해 시해 당했다.[24] 그러다 근초고왕(재위 346~375)이 즉위하면서 백제는 전성기를 맞게 된다. 이 시기 백제는 마한을 정복하고, 북쪽으로 고구려의 평양성을 공격, 고국원왕(재위 331~373)을 죽이는 등 힘의 우위를 바탕으로 전성기를 누리게 된다.[25] 이를 잘 보여주는 유물이 일본 나라현의 이소노카미 신궁에 있는 칠지도(七支刀)다. 칠지도에 새겨진 명문을 통해 당시 백제와 왜의 관계에 대해 알 수 있다.

"지금까지 이런 칼이 없었는데, 백자 왕세자 기생성음이 일부러 왜왕을 위하여 정교하게 만들었으니 후세에 전하여 보이라"[26]

— 칠지도 후면의 명문

---

23 『삼국사기』 권24, 책계왕 13년조, "漢與貊人來侵 王出禦 爲敵兵所害 薨"

24 『삼국사기』 권24, 분서왕 7년조, "王爲樂浪太守所遣刺客賊害 薨"

25 안정복, 『동사강목』 부록 하권, '백제강역고', "백제는 마한의 무리로서 비로소 나라를 대방(帶方)의 옛 땅에 세웠으니, 동쪽은 신라에 닿고, 서쪽과 남쪽은 대해(大海)에 닿고, 소해(小海) 남쪽에 처하였으니, 동서는 4백 50리, 남북은 9백여 리이다."

26 국립부여박물관의 해석본으로, 원문은 다음과 같다. "先世以來 未有此刀 百濟王世子 奇生聖音 故爲倭王旨造 傳示後世"

| 일본 나라현의 이소노카미신궁
에 있는 칠지도 | 백제가 칠지도
를 왜왕에게 하사한다는 내용으
로, 당시 백제와 왜의 관계를 잘
드러내고 있다.

하지만 백제의 전성기는 오래가지 못했다. 고구려에서 광개토왕(재위 391~413)이 왕으로 즉위하게 되는데, 백제는 진사왕(재위 385~392)에서 아신왕(재위 392~405)으로 권력 교체가 진행이 되고 있었다. 이 틈을 타 고구려가 침입했는데 『광개토왕비』를 보면 58성 700촌을 빼앗겼다고 기록하고 있다. 결국 이러한 위기 속에 아신왕은 광개토왕에게 굴욕적인 항복을 하게 된다.[27] 하지만 와신상담(臥薪嘗膽) 끝에 아신왕은 상황을 역전시키고자 왜와 화통(和通)하는 한편 태자 전지(腆支)를 볼모로 보내는 조치를 취한다. 이러한 아신왕의 노력은 경자년(=400)에 왜가 신라를 침입하는 사건으로 표면화된다.

왜의 공격을 받은 신라는 이내 고구려로 사신을 보내 구원을 요청했다. 이를 받아들인 광개토왕이 군사 5만을 보내 파죽지세로 남하하여 왜군을 격퇴하며, 백제는 다시 좌절을 맛봐야 했다. 이

---

27 『광개토왕비』, 백제의 도성이 포위를 당하자 아신왕은 남녀포로 1천 명과 세포 1천 필을 바치며 "지금부터 이후로 영원히 노객이 되겠다"라며 항복을 했다.

| 경주 호우총에서 출토된 호우명 그릇(좌), 호우명 그릇의 명문(우) | 장수왕 시기 고구려
와 신라가 어떤 관계인지를 보여주는 유물이다.

후 장수왕(재위 413~491)이 재위하던 때에 백제는 다시 큰 위기에
봉착하게 된다. 당시 백제의 개로왕(455~475)은 북위에 사신을 보
내 고구려에 대한 정벌을 요청했다. 물론 북위는 이러한 백제의
요청을 거부했고, 이에 개로왕은 원망하며 조공을 중단하는 조치
를 취했다.[28]

　하지만 이 같은 사실을 모를 리 없는 장수왕은 백제 정벌에 대
한 생각을 굳힌 채 호시탐탐 기회를 엿보고 있었고, 마침내 숨겨
둔 비장의 무기를 꺼낸다.『삼국사기』를 보면 승려인 도림(道琳)이

28　『북사』,『위서』등에서도 같은 기록이 확인된다.

장수왕의 명을 받고 백제로 가게 되는데, 일종의 스파이였던 도림은 개로왕이 바둑을 좋아한다는 사실을 알고 이를 매개로 접근했다. 이러한 전략은 맞아떨어져 개로왕은 도림을 상객으로 대우했다. 이때 도림은 바둑을 통해 왕의 눈과 귀를 멀게 하여 대규모 토목 공사와 왕릉을 조성하게 하는 등 백성들을 징발하고, 국고를 탕진하게 했다. 이렇게 백제의 국력이 쇠퇴하자 이를 기회로 삼아 장수왕은 군사를 일으켰던 것이다.

고구려가 침입했다는 소식을 들은 개로왕은 그제야 자신의 실책에 대해 후회했지만 이미 때는 늦었다. 개로왕은 아들 문주(文周)를 신라로 보내 구원을 청하면서, 전장에서 이탈하게 해 혹여 자신이 잘못될 경우 문주가 왕위를 잇도록 조치했다. 결국 위례성은 고구려군에 의해 함락되는데, 기록을 보면 고구려가 북쪽 성을 공격해 7일 만에 함락시킨 뒤 남쪽 성을 공격했음을 알 수 있다. 즉 위례성이 남성과 북성, 2개의 성으로 구성되었음을 보여주는 것이다.[29] 이에 성을 버리고 피신하던 개로왕은 고구려 군에 잡혀 아차성(阿且城) 아래에서 비극적인 최후를 맞이했다.[30] 이처럼 위례성의 함락과 개로왕의 죽음은 한성백제 시기의 종언을 알리는 동시에 웅진백제의 시기로 접어드는 계기가 된다.

---

29 『삼국사기』 권25, 개로왕조, "來攻北城 七日而拔之 移攻南城 城中危恐 王出逃"
30 『삼국사기』 권25, 개로왕조, 개로왕을 죽인 '재증걸루(再曾桀婁)'와 '고이만년(古尒萬年)'은 백제 출신의 귀화 고구려인이다. 이들의 행동에 대해 김부식은 주석을 통해 비판하고 있다.

02 웅진백제

　문주가 신라의 구원군 1만을 데리고 돌아왔을 때는 이미 위례성
은 파괴된 채 고구려군은 물러난 상황이었다. 전쟁의 여파로 아
무것도 남아있지 않은 위례성에서 즉위한 문주왕(재위 475~477)은
이내 천도를 단행하게 된다. 이 같은 천도의 배경은 개로왕의 피
살과 함께 중앙의 구심점이 급격히 무너지는 상황에서 다시 재침
의 우려가 있는 위례성에 남아 있는 것이 현실적으로 어려운 일
이기 때문이었다. 결국 이러한 현실 속에 문주왕은 왕실과 귀족,
백성들과 함께 새로운 도읍을 찾아 남쪽으로 남하하게 된다. 우
리 역사를 통틀어 수도를 이전한 사례가 종종 있지만 대개 자발적
으로 이전한 사례인데 비해, 백제의 경우는 그야말로 쫓겨났다는
것이 정확한 표현이라고 볼 수 있다. 눈물을 뿌리며 위례성을 떠
난 문주왕의 행렬은 선조들이 그러했듯 남하를 계속하다 이내 웅
진(熊津, 지금의 공주)에 도착하게 된다. 이후 63년간 이어진 웅진백
제의 시대가 시작된 것이다.

　지금도 천안논산고속도로 위를 지나다 보면 차령터널을 지나
게 되는데, 공주는 북쪽으로 차령산맥이 막아서는 천혜의 지형을

| 곰사당(좌), 사당 내부의 돌곰(우) | 현재 공주시의 마스코트는 고마곰으로 불리고 있다. '고마나루'는 곰나루로 불리게 되고, 이후 웅진으로의 지명 변천이 이루어졌다. 신채호의 『조선상고사』를 보면 웅진성을 곰나루성으로 표현하는 것도 이 때문이다.

가지고 있다. 이뿐만 아니라 웅진성은 금강을 끼고 있는데다 지형적으로 산 위에 성이 자리하고 있어 방어에 이점을 가지고 있었다. 당장 고구려에 쫓기는 문주왕의 입장에서는 왕실의 안전을 최우선으로 두었기에 새로운 수도를 선택하는 데 있어 이 같은 입지는 매우 중요한 요소였음이 분명하다. 또한 백제의 기반이 되었던 위례성은 함락되면서 군사나 물자, 시설 등이 원점으로 돌아온 상황이었기에 문주왕은 공주를 중심으로 형성된 지방 세력의 힘을 빌려 백제의 왕실을 지켜내고자 했다. 이와 관련해 주목받는 장소가 수촌리 고분군으로, 이곳에서 출토된 금동관과 금동신발, 계수호 등의 다양한 위세품은 수촌리 세력의 힘을 짐작하게 한다. 하지만 문주왕의 이 같은 결정은 역으로 왕권의 약화

| 고마나루의 전경 |

로 이어졌는데, 실제 문주왕, 삼근왕(재위 477~479), 동성왕(재위 479~501)이 신하들에 의해 시해당한 사례를 통해 알 수 있다.

여기에 웅진(熊津)은 방어에 이점을 가지고 있지만 정치, 상업, 교역, 외교 등을 종합적으로 판단해 볼 때 한 나라의 수도로는 적합하지 않았다. 대개의 수도가 산성이 아닌 평지에 자리하고 있는 이유를 생각해보면 쉽게 이해가 되는 대목으로, 이 때문에 웅진백제 시기를 임시 수도의 성격으로 보기도 한다. 이처럼 국력이 크게 약화된 상태에서 백제가 탈출구로 삼은 건 나제동맹(羅濟同

| **공주 수촌리 고분군** | 넓은 평야에서 볼 수 있듯 이곳의 생산성과 자원은 문주왕이 웅진을 도읍으로 삼는 배경이 되었을 것이다.

| **백제의 두 번째 도읍인 공산성** | 금강이 해자의 역할을 하고 있어 방어에 유용한 성곽이다. 다만 한 나라의 수도로는 크기가 작고, 뻗어나가지 못한다는 점에서는 단점으로 볼 수 있는 공간이다.

| **대통사지 석조** | 백제와 양나라의 관계를 알 수 있는 유물로, 최근 공주시 반죽동에서 대통사지로 추정되는 터가 확인되기도 했다.

盟)과 남방경략(南方經略)이었다. 당시 고구려의 힘이 강했기에, 고구려에 맞서 백제와 신라가 서로 동맹을 맺고 함께 대처했다. 이러한 당시의 상황을 알 수 있는 기록이 『삼국사기』에 나오는 백제 동성왕과 신라 이찬 비지(比智)의 딸이 혼인했다는 기사로, 이 무렵 백제와 신라는 끈끈한 형태로 이어져 고구려의 침입을 대비했다.[31] 또한 백제는 남방경략을 통해 새로운 힘을 키우는 동력으로 활용했다. 웅진으로 천도할 당시만 해도 전라남도는 영산강을 중심으로 다른 정치 세력이 있었고, 백제의 직접 통치가 이루어지지

---

31   『삼국사기』 권26, 동성왕 15년조, "王遣使新羅請婚 羅王以伊飡比智女 歸之"

않은 상태였다. 즉 이때까지 마한의 잔여 세력 일부가 남아 있었던 것으로 추정되며, 동성왕과 무령왕을 거치는 동안 남방경략이 이루어져 전라남도 일대가 백제의 영토로 편입된 것으로 보인다.

이를 알 수 있듯 521년 11월 무령왕이 양나라에 국서를 보냈다. 국서에는 '여러 번 고구려를 무찌르고, 이제 비로소 우호 관계를 맺었다'고 했는데, 『양서』는 백제가 다시 강국이 되었다고 적고 있다. 또한 백제와 양나라의 관계를 알 수 있는 곳 중 대통사(大通寺)가 있다. 『삼국유사』의 기록을 근거로 성왕이 양 무제를 위해 세운 사찰로 보기도 하는데, 해당 기록이 사실이라는 가정 하에 백제와 양나라 간 인적·물적 교류가 활발하게 이루어졌음을 보여주는 사례다.[32] 이처럼 무령왕이 재위하던 시기에 백제는 내부의 혼란을 수습하고 국력을 키운 결과 이 같은 자신감의 표현으로 나타나게 된다. 이를 기반으로 백제는 무령왕(재위 501~523)의 아들 성왕에 의해 중흥기를 맞이하게 된다. 또한 수도를 사비성으로 옮기는 천도를 단행하고 국호를 남부여(南扶餘)로 칭하는 등 변화를 모색하게 된다. 바야흐로 새로운 계획도시 사비백제의 시대가 시작된 것이다.

---

32 『삼국유사』 권3, 흥법 제3, '원종이 불법을 일으키고 염촉이 순교하다', "양나라 황제가 웅천주에 사찰을 세웠는데, 대통사라고 한다.", 원문은 다음과 같다. "又於大通元年丁未 爲梁帝創寺於熊川州 名大通寺"

03 사비백제

성왕(재위 523~554)은 백제의 역사에 있어 중흥의 군주로 불리는데, 숙적 고구려로부터 한강 유역을 탈환했던 성왕의 시대는 이전 시대와는 다른 백제의 위상을 보여준다. 하지만 동시에 성왕은 비운의 왕이라고도 불리는데, 신라의 배신으로 성왕 자신은 물론 백제 역사에 씻기 어려운 상처를 남겼기 때문이다. 시작은 오랜 시간 고착화되었던 삼국 간 정세의 변화였다. 그동안 힘의 우위를 지녔던 고구려가 쇠퇴기에 접어들었는데, 장수왕 때 절정에 이르렀던 고구려는 안원왕(재위 531~545) 때에 추군(麤群)과 세군(細群)의 대립에서 드러나듯 혼란을 겪고 있었다.[33] 고구려의 약화는 역으로 백제에게 한강 유역을 탈환할 수 있는 절호의 기회로 작용했고, 이러한 기회를 놓칠 수 없었던 성왕은 신라의 진흥왕(재위 540~576)과 함께 북진을 결행하게 된다.

북진의 결과는 대성공이었고, 백제와 신라는 약화된 고구려를 몰아내고 한강 유역을 탈환하는데 성공했는데, 백제는 개로왕 이

---

33 『일본서기』 권19, 흠명 6년조

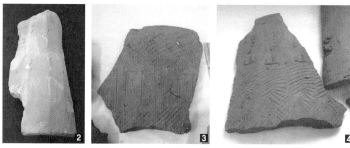

| **1** 화성 당성 | 신라 진흥왕 때 백제가 차지한 한강 유역을 빼앗아 축성된 성으로, '당항
성(黨項城)'으로 불렸다. 사진은 화성 당성의 1차 성벽으로, 최초 신라가 쌓은 성곽은 구봉
산 정상을 기점으로 테뫼식 산성의 형태를 보이고 있다.
| 화성 당성이 당항성이라는 사실을 알려주는 명문 기와 편 | **2** 당(唐)명 기와, **3** 본피모
(本彼謨)명 기와, **4** 한산(漢山)명 기와

| 성왕 사적비(좌), 성왕의 처형지로 알려진 구진벼루(우) | 충북 옥천군 군서면 월전리에 위치하고 있으며, 성왕의 죽음과 관산성 전투의 패전은 웅비하던 백제의 날개를 꺾어버린 비극의 현장이다. © 이건일

후 잃어버린 옛 고토를 회복했던 것이다. 하지만 553년 7월, 신라가 백제의 동북쪽의 변경을 빼앗아 신주(新州)를 설치했다.[34] 성왕은 일단 이 상황을 받아들이고 후퇴할 수밖에 없었고, 오히려 자신의 딸을 신라 진흥왕에게 시집보내며 겉으로 화친하는 척했다. 하지만 물밑에선 전쟁을 준비했고, 이러한 긴장 관계 끝에 백제와 신라는 전쟁에 돌입했던 것이다. 강경파인 태자 창이 선두에서 전쟁을 지휘하는 가운데 성왕은 왜와 가야에 도움을 얻어 신라를 압박했다. 하지만 전쟁은 쉽사리 끝나지 않은 채 팽팽한 접전 양상으로 흐르고 있었다.

---

34 『삼국사기』 권26, 성왕 31년조, "新羅取東北鄙 置新州"

| **신라의 왕성인 경주 월성** | 『일본서기』에 기록된 북청이 있었을 가능성이 높은 곳으로, 성왕의 머리를 북청의 계단에 묻었다고 했다.

운명의 추와도 같았던 554년, 성왕은 태자와 군사들을 격려하기 위해 기병 50명만을 거느린 채 이동하고 있었다. 하지만 이 같은 정보를 입수한 신라군은 미리 매복하고 있었고, 이 사실을 모르던 성왕은 관산성으로 이동하던 중 신라군의 포로가 되는 초유의 일이 발생하게 된다. 이후 포로가 된 성왕은 구천(狗川)에서 목이 잘리는 비참한 최후를 맞이했고,[35] 신라는 성왕의 목을 북청 계단 아래 묻어버렸다.[36] 관산성 전투의 패전은 백제로서는 재앙에

---

35 『삼국사기』 권26, 성왕 32년조. "王欲襲新羅 親帥步騎五十 夜至狗川 新羅伏兵發與
    戰 爲亂兵所害薨"『삼국사기』는 성왕이 혼전 중에 전사한 것으로 기록하고 있으나
    『일본서기』는 '고도'에 의해 참수형에 처해졌다고 기록하고 있다.
36 『일본서기』 권19, 흠명 15년조. "성왕의 머리를 북청 계단 아래 묻었는데, 이 관청을
    도당이라고 부른다."

| **부여 궁남지** | 『삼국사기』를 보면 무왕 때인 634년에 조성된 것을 알 수 있으며, 궁궐 남쪽에 못을 파서 물을 20여 리에서 끌어왔다고 적고 있다.

가까웠다. 우선 구심점인 성왕의 죽음이 가장 큰 치명타였으며, 현실적으로 3만에 가까운 정예 군사를 잃게 되어 이후 수세적인 상황으로 몰리게 된다.

또한 대외관계에 있어 가야에 대한 영향력을 완전히 상실하며, 이후 진흥왕이 가야를 병합하는 과정에서 아무런 힘도 쓰지 못할 만큼 위축되었다. 어떻게 보면 관산성 전투는 비상하던 백제의 날개가 꺾인 사건으로, 이후 백제가 다시 힘을 회복하기까지

| 傳 계백장군의 묘(좌), 계백과 백제 오천결사대 출정상(우) | 흔히 백제의 멸망을 생각하면 황산벌 전투를 떠올리게 된다. 현재 황산벌 전투가 벌어진 곳은 논산시 연산면 신량리 일대로 알려져 있는데, 당시의 기록을 토대로 5천 결사대가 3영을 설치했고, 반대로 김유신의 5만 군대는 3로를 내어 계백과 맞선 것으로 추정하고 있다. 3영의 위치와 관련해 '황령산성'과 '산직리산성', '모촌리산성'으로 추정하고 있다.

많은 시간이 흘러야 했다. 그러다 무왕(재위 600~641)이 즉위하며, 백제는 신라에 대한 대대적인 공세에 나서게 된다. 이러한 압박은 의자왕(재위 641~660) 대에 절정을 이루는데, 당시 백제는 신라를 고립시키기 위해 어제의 적인 고구려와 손잡는 파격을 선보였다. 또한 여기에 왜를 끌어들이면서 신라는 그야말로 고립무원의 처지에 몰리게 된다.

의자왕은 신라의 서쪽과 북쪽 경계를 잠식해갔는데, 결정판은 642~643년에 걸쳐 대야성(大耶城)을 함락시키고, 이어 고구려와 함께 당항성(黨項城) 공격을 시도한 것이다.[37] 이에 신라는 큰 위기

---

37 『삼국사기』 권28, 의자왕 3년조, "王與高句麗和親 謀欲取新羅党項城 以塞入朝之路 遂發兵攻之 羅王德曼遣使 請救於唐"

| **부여 삼충사** | 백제 멸망 당시의 충신인 성충, 흥수, 계백을 기리기 위한 사당이다.

감을 느끼고 다급히 당나라에 구원을 요청했다. 이에 당나라는
신라의 요청을 받아 들여 백제에 사농승(司農丞) 상리현장(相里玄獎)
을 사신으로 보내 중재를 시도했다. 한편 신라는 백제를 견제하
기 위해 고구려와 왜에 도움을 요청했지만, 협상은 실패로 끝나
게 된다. 이 같은 상황에서 신라는 당나라로 향하게 되고, 때마침
당나라 역시 고구려 침공의 실패로 후방에 대한 중요성을 인식했
던 터라 서로의 이해관계가 맞아 떨어져 군사동맹으로 발전하기

에 이르렀다.[38]

　운명의 해인 660년 나당 연합군의 침공과 함께 백제는 큰 위기에 봉착하게 되는데, 그 규모가 무려 18만이었다. 수적 열세에 놓인 상황에서 의자왕은 계백으로 하여금 5천 결사대를 조직, 황산벌로 진격하는 김유신의 5만 군사를 막게 했다. 5천 결사대의 목표는 당나라와 신라의 합류를 최대한 저지시키는 것으로, 초기 전황은 어느 정도 백제에 유리한 방향으로 흘러갔다. 하지만 4번에 걸친 승리에도 결국 수적 열세를 극복하지 못한 채 패배로 끝나게 된다. 한편 사비성에서는 도성 30리 밖까지 진출한 당나라에 맞서 의자왕의 선제공격이 있었지만, 오히려 크게 패하며 군사 1만을 잃어야 했다. 결국 사비성의 방어가 어렵다고 판단한 의자왕은 7월 13일에 웅진성으로 피신해야 했으며, 이후 사비성은 함락당했다. 그로부터 5일 뒤인 7월 18일 웅진성으로 피신한 의자왕이 항복하며, 백제는 멸망하게 된다.[39] 한편 백제의 멸망과 관련한 내용과 백제 멸망의 시기를 두고 다양한 견해가 제기되고 있는데, 이와 관련한 내용은 본론에서 다루고자 한다.

---

38 「삼국사기」 권5, 진덕왕 2년조

39 「삼국사기」 권5, 태종왕 7년조, "의자왕이 태자와 웅진방(熊津方)의 병사 등을 거느리고 웅진성으로부터 와서 항복했다.". 반면 신채호의 「조선상고사」에서는 웅진성의 수비대장이 왕을 잡아 항복을 했다고 적고 있다. 지난 2008년 중국 시안에서 발견된 예식의 묘지명은 이러한 가설의 근거가 되고 있다.

| 익산 연동리 석조여래좌상 |

제 3 장

문화재로
만나는
백제의 흔적

01 문화재로 보는 한성백제

풍납동토성과 몽촌토성
– 사라진 백제의 첫 도읍, 위례성은 어디에?[40]

지난 1994년 서울 정도 600년을 맞아 이를 기념하는 행사와 함께 대대적인 홍보가 진행되었다. 서울 정도 600주년은 서울을 나라의 도읍으로 삼은 것이 600년이 되었다는 의미로, 조선의 개국과 함께 1394년 고려의 수도였던 개경에서 한양으로 천도한 것을 기점으로 삼았다. 분명 600년이 적은 세월이 아니니, 의미를 부여하는 것 역시 필요하다. 하지만 우리가 서울 정도 600년이라는 문구에만 몰두한 나머지 이보다 훨씬 전인 기원전 18년 서울을 도읍으로 했을 가능성이 높은 백제의 존재는 까맣게 잊고 있었다. 그만큼 백제는 우리에게 잊힌 역사였음을 보여주는 것이다.

실전된 위례성을 찾아라!
분명 역사 속에 실체가 있었지만, 지금은 사라져버린 위례성은

---

40 이 글은 『오마이뉴스』 2018년 3월 20일자, '사라진 백제의 첫 도읍, 하남 위례성은 어디에?'에 게재한 글을 정리한 것임.

| **이성산성의 동문지** | 한때 위례성의 후보지로 거론되었지만, 발굴 조사 결과 신라의 유물이 압도적으로 출토되었다.

백제가 웅진으로 천도한 이후 그 행방이 묘연해졌다. 현존하는 가장 오래된 정사인 『삼국사기』에서조차 위례성은 위치가 분명하지 않고 이름만 남아있는 지명에 위례성을 포함시켰다. 이는 김부식이 『삼국사기』를 편찬할 때도 위례성의 위치를 몰랐다는 이야기다. 위례성은 고구려 장수왕의 남진으로 함락이 되는데, 당시 백제의 왕이던 개로왕은 포로로 잡혀 아차성(阿且城) 아래로 끌려가 처형되었다. 그 뒤 고구려는 위례성을 파괴한 채 물러갔고, 문주가 신라의 구원병 1만을 이끌고 돌아왔을 때는 이미 위례성은 폐

허가 된 상태였다. 따라서 문주왕은 아무것도 남아있지 않은 위례성을 포기하고, 고구려의 재침을 우려해 웅진으로 천도를 단행하게 된다. 그리고 백제는 다시 위례성으로 돌아오지 못했다.

이처럼 사라진 위례성을 찾으려는 노력이 없었던 것은 아닌데, 『삼국유사』를 저술한 일연 스님은 위례성의 후보지로 천안 직산을 추정했다. 또한 다산 정약용은 『여유당전서』를 통해 광주고읍, 지금의 하남시 춘궁동 일대를 유력한 후보지로 봤다.[41] 하지만 이성산성의 발굴 조사 결과 신라의 유물이 다수 발견되는 양상을 보였다. 따라서 고고학적으로 볼 때 이성산성이 위례성이라는 주장은 성립하기가 어렵다. 한편 이곳의 지명 가운데 궁촌(宮村, 궁이 있는 마을)이 있어 정약용 역시 이를 주목한 바 있다. 지난 2018년 12월, 3기 신도시의 예정지로 하남 교산 지구가 선정되었는데, 여기에 춘궁동 일대가 포함되었다. 따라서 향후 이루어질 지표 조사를 통해 이성산성과 춘궁동 일대의 성격을 규명해볼 수 있을 것이라 기대되고 있다.[42]

위례성의 후보지로 거론된 풍납동토성

최초 위례성의 후보지로 거론된 곳 중 한 곳이 몽촌토성이다.

---

41 정약용, 『여유당전서』 제6집, 권3, '위례고(慰禮考)', "溫祚舊宮 本在廣州之古邑 謂之宮村居民 業種甘瓜 此則河南之慰禮也"

42 『연합뉴스』 2019년 2월 20일자, '문화재가 땅 밑에…3기 신도시 건설 차질 빚을 듯'

| 풍납동토성 경당지구에서 확인된 '몸'자 형태의 건물지 | 제사 건물터로 추정하고 있다.

이 같은 추정의 배경에는 몽촌토성의 발굴 조사 결과 백제 때 쌓은 토성이라는 점과 초기 백제 시기의 유물이 출토된 점이 영향을 미쳤다. 하지만 지난 1997년 풍납동토성 내 공사 현장에서 초기 백제의 유물이 다량으로 쏟아져 나오면서 풍납동토성은 단번에 위례성의 유력한 후보지로 주목을 받게 된다. 발굴 조사 현장 중 한 곳인 경당지구에서 '몸'자 형태의 건물지가 확인되었는데, 제사 시설로 추정된다. 또한 44호 건물지의 경우 최소 길이가 18m에 달할 정도로 큰 건물지로 확인이 되었으며, 우물지에서 제의용으로 쓴 것으로 보이는 토기류와 말 머리뼈 등이 출토되었다. 특히 기와의 출토는 건물의 용도와 관련해 다양한 추측을 낳게 했다.

| 풍납동토성에서 출토된 곧은입항아리와 여기에 새겨진 대부(大夫) | 아차산 시루봉에서 이와 유사한 명문이 확인되었는데, 제사 의식과 관련한 용도로 사용된 것으로 보는 견해가 있다.

이와 관련해 중국 측 기록인 『구당서』와 『신당서』 동이열전을 보면 고구려에서 기와 건물은 사찰이나 사당, 왕궁과 관청 등에서 사용되었다.[43] 이는 동시대의 백제와 신라 역시 마찬가지였을 것으로 추정할 수 있는 대목으로, 이러한 범주에서 보자면 풍납동토성에서 출토된 다량의 기와는 최소한 이곳에 관청이나 사당 등의 건물이 세워졌음을 의미한다. 이와 함께 풍납동토성에서 출토된 곧은입항아리에서 대부(大夫)라는 명문이 확인되었는데, 이를 백제의 관직으로 보는 견해가 있었다. 이 경우 풍납동토성이 위례성임을 입증하는 간접 자료가 된다는 점에서 관심의 대상이 되었지만, 문제는 백제의 관직 중 대부가 등장한 사례가 없다는 점이다. 오히려 고구려의 유적인 아차산 시루봉에서 대부정대부정(大夫井大夫井)이 새겨진 옹(甕)이 출토되었기에, 제의(祭儀)와 관련한 의례 행위의 용도로 사용되었다가 폐기된 것으로 보는 견

43 『신당서』 동이열전, 고려 "왕궁(王宮), 관부(官府), 불사(佛寺)만이 기와를 쓴다."

| 판축기법과 부엽법을 사용해 축성한 풍납동토성과 몽촌토성 |

해 역시 참고해볼 만하다.[44]

   한편 풍납동토성은 성벽의 전체 둘레가 약 3.5㎞에 성벽의 폭이 43m, 성벽의 최상부 높이는 9.5m에 달한다.[45] 이는 우리나라의 토성 가운데 큰 규모에 속한다. 또한 고대 사회에서 도성의 건설은 국가의 역량을 총동원해야 가능했다는 점에서 이 정도의 규모로 축성하기 위해서 많은 인력과 물자가 필요했다는 점은 당시 백제의 국력이 상당한 수준에 도달했음을 말해주고 있다. 분명

---

44   노중국외, 2015, 『금석문으로 백제를 읽다』 학연문화사, p. 30∼32
45   대한문화재연구원, 2015, 『삼국시대 고고학 개론』 진인진

풍납동토성이 위례성일 가능성이 높지만, 아직까지 부여 관북리 유적이나 익산 왕궁리 유적처럼 풍납동토성에서 왕궁으로 특정할 명확한 증거가 나오지 않았기에 '풍납동토성=위례성'이라 단정적으로 말하기는 어렵다. 따라서 왕궁의 흔적이 확인되지 않을 경우 풍납동토성을 두고 벌어지는 위례성 논쟁은 앞으로도 계속 재현될 가능성이 높다.[46]

풍납동토성과 함께 백제의 성곽으로 주목받는 몽촌토성

앞선 풍납동토성이 백제의 도읍인 위례성으로 추정이 되면서, 인근에 자리한 몽촌토성 역시 새로운 시각으로 바라볼 수 있다. 『삼국사기』 개로왕조에는 위례성이 북쪽 성과 남쪽 성으로 구성되어 있음을 알 수 있다. 이 기록을 풍납동토성과 몽촌토성에 대입할 경우 기록의 재구성이 가능해지는데, 풍납동토성(=북성)에 있던 개로왕이 고구려의 침입 소식에 문주를 신라로 보내어 구원을 요청했다. 하지만 불과 7일 만에 풍납동토성이 함락되면서 몽촌토성(=남성)으로 피신한 것으로 해석할 수 있다.

이러한 몽촌토성은 1980년대 서울올림픽을 준비하던 중 발굴조사를 통해 백제 시기의 유구와 유물이 확인되면서 한성백제 시기의 성으로 확인이 되었다. 뿐만 아니라 몽촌토성의 유물 중 관

---

46 이희진, 2017, 『조작된 한성백제왕성』, 책미래

| 몽촌토성(상), 목책의 흔적(하) | 몽촌토성은 풍납동토성과 함께 한성백제 시기의 대표적인 문화재로, 몽촌토성의 성벽에서는 목책의 흔적을 함께 볼 수 있다.

(官)이 새겨진 명문 기와 편이 출토되기도 했으며, 북문지에서 성 내부로 이어지는 도로 유적이 확인되기도 했다.[47] 아울러 몽촌토성의 성벽에서 목책의 흔적을 볼 수 있는데, 목책은『삼국사기』의 초기 기록에서 자주 등장하고 있다. 이처럼 몽촌토성은 풍납동토성과 함께 한성백제 시기를 규명해줄 문화재이자 역사적 의미가 있는 공간으로 주목해볼 만하다.

풍납동토성 경당지구
- 목이 부러진 토제마가 발견되는 이유는?[48]

| 망해루지에서 출토된 토제마의 모습 | 예외 없이 목과 다리가 부러진 모습이다.

지난 2016년 화성 당성의 3차 발굴 조사에서는 특이한 유물이 출토되었다. 바로 흙으로 만든 말 인형인 토제마(土製馬)였다. 그런데 그 모양이 특이했는데, 토제마의 목과 다리가 부러진 채 발견되었다는 점이다. 왜 이런 형태의 토제마가 화성 당성, 그것도 구봉산의

---

47 KBS 2016년 11월 14일자, '몽촌토성서 '포장 도로' 발굴…고대 도로 중 최대'

48 이 글은 『논객닷컴』 2018년 7월 2일자, '목이 부러진 토제마가 발견되는 이유는?'에 게재한 같은 제목의 글을 정리한 것임.

| **화성 당성의 망해루지** | 2016년 3차 발굴 조사를 통해 망해루지에서 다량의 토제마가 확인되었다.

정상에 위치한 망해루지에서 집중적으로 출토된 것일까?

풍납동토성에서 출토된 말 머리뼈와 '몸'자 형태의 제사 건물터

이를 이해하기 위해서는 풍납동토성의 경당지구 발굴 조사를 한 번 되돌아볼 필요가 있다. 당시 경당지구의 발굴 조사 과정 중에서 '몸'자 형태의 건물터가 확인이 되었는데, 이 건물의 용도를 제사 건물터로 추정하고 있다. 이는 건물터 옆에서 발견된 구덩이에서 토기 조각을 비롯해 곡물과 동물의 뼈가 발견된 것에서 알수 있는데, 특히 눈길을 끄는 것은 말 머리뼈의 출토였다. 예나 지금이나 말은 비싸고 귀한 대접을 받았기에 특수한 목적이 있지 않

| 풍납동토성 경당지구 ||구역(101호)에서
출토된 말머리 뼈 |

고는 말의 목을 자른다는 것은 있을 수가 없는 일이다.

당시 말은 이동의 수단이자 전쟁에 있어 중요한 군수 물자였기에 말의 관리는 곧 국가적인 차원에서 이루어졌다. 이러한 사실을 단적으로 보여주는 것이 바로 『삼국사기』 근구수왕조에 등장하는 기록이다. 본래 백제인이던 사기(斯紀)는 왕이 타는 말의 발굽을 상처 나게 해 처벌을 받을까 두려워 고구려로 도망갔다고 했다.[49] 그렇기 때문에 말머리뼈가 다량으로 발견되었다는 사실은 44호 건물터가 일반적인 건물이 아닌 제사 용도의 목적으로 사용이 되었음을 추정하게 한다. 실제 『삼국사기』에는 온조가 백제를 건국한 그 해에 동명왕의 사당을 세웠다고 했으며,[50] 이후의 왕들도 사당에 참배를 했다는 기록이 있는 것으로 봐서 국가 차원에서 제사 의식이 있었음을 알 수 있다.

화성 당성에서 출토된 토제마가 의미하는 것은?

화성 당성의 망해루지에서 다량으로 출토된 토제마의 성격을

---

49   『삼국사기』 권24, 근구수왕조, "高句麗人斯紀 本百濟人 誤傷國馬蹄 懼罪奔於彼"
50   『삼국사기』 권23, 온조왕조, "立東明王廟"

이해하기 위해서는 토제마가 출토되는 지역을 넓게 그려보면 이해가 빨라진다. 이러한 토제마는 전북 부안의 죽막동 제사 유적과 전남 영암의 월출산 제사 유적터, 광양 미로산성 등에서 발견이 되었다. 토제마의 외형은 화성 당성에서 출토된 것과 유사점을 가지고 있는데, 공통적으로 다리와 목이 잘린 외형을 보이고 있다. 이는 말을 제물 삼아 제사 의식이 거행된 것으로 보는 것이 타당한데, 당시 말은 귀한 대접을 받았기에 실제 말을 대신해 흙으로 빚은 토제마를 제물로 바치는 형태로 변모한 것으로 추정된다.

이와 유사한 사례를 만두의 기원에서도 찾을 수 있는데, 소설 『삼국지』를 보면 제갈량이 남만 정벌을 마치고 돌아오는 길에 풍랑이 심해 강을 건널 수 없었다. 이때 남만인들이 사람을 제물로 바쳐야 풍랑이 풀린다고 했다. 이에 제갈량이 사람을 죽일 수 없어, 사람 머리 모양의 만두를 만들어 바쳤다는 이야기가 전해진다. 실제 말의 목을 자르지 못하고, 흙으로 빚은 토제마의 목을 부러뜨려 제사를 지냈다는 구성은 만두의 기원과 유사성을 드러내고 있다. 따라서 화성 당성의 망해루지에서 출토된 토제마의 성격은 바다를 통한 교역과 안전한 항해를 기원하는 의미에서 쓰였을 가능성이 높다고 할 것이다.

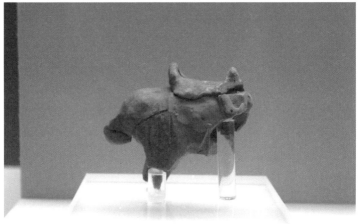

| 죽막동 제사유적이 확인된 전북 부안 수성당(水城堂)(상), 영암 회문리 월출산 제사유적
에서 출토된 토제마(하) |

『삼국사기』 온달전을 통해 국가 차원에서 말을 관리했음을 알수 있다.

그럼 과거에 말은 어떻게 관리가 되었을까? 의외로 이러한 질문에 대한 답은 『삼국사기』 온달전을 통해 찾을 수 있다. 이야기의 요지는 평강공주가 온달에게 말을 사오게 하는데, 여기서 시장 사람의 말을 사지 말고, 나라에서 키우던 말 가운데 병들어 쫓겨난 말을 사라고 한 점이다.[51] 이를 통해 당시 고구려에 말을 파는 시장이 있고, 국가 차원에서 말을 관리했음을 보여준다.

또한 말은 외교 관계에 있어서 유용한 수단으로 활용이 되곤 했는데, 이는 439년 장수왕 때 송나라에 말 팔백 마리를 보낸 것에서 알 수 있다. 『남사』[52]와 『송서』[53] 등을 보면 송나라가 북위를 치려고 고구려에 조서를 보내 말을 보내라고 했고, 이에 고구려 장수왕이 말을 보냈다는 기록이 남아있다. 그런데 『남사』와 『송서』의 내용만 보면 마치 송나라가 고구려에 명령을 해서 말을 받은 것처럼 나오지만, 당시 고구려의 국력과 북위와의 관계를 고려해 본다면 이는 요청에 가깝다는 것을 알 수 있다.

51　『삼국사기』 온달전 "初 買馬 公主語溫達曰 愼勿買市人馬 須擇國馬病瘦而見放者"
52　『남사』 이맥열전 고구려조. 원문은 다음과 같다. "十六年 文帝欲侵魏 詔璉送馬 獻八百匹"
53　『송서』 이만열전 고구려조. 원문은 다음과 같다. "十六年 太祖欲北討 詔璉送馬 璉獻馬八百匹"

| **고구려 무용총 벽화 속 수렵도** | 온달이 고구려의 장군으로 신분 상승을 할 수 있었던 이면에는 고구려의 축제인 동맹제(東盟祭) 때문이었다. 사냥 대회에 참가한 온달은 뛰어난 실력을 선보이며, 장군으로 발탁되었다.

　따라서 화성 당성에서 출토된 목과 다리가 부러진 토제마는 단순한 말 인형이 아닌 과거 말을 제물로 바치는 제사 의식의 변형으로 이해할 수 있다. 또한 우리 선조들이 말을 어떻게 인식하고 있었는지 알 수 있다는 점에서 의미가 있다. 흔히 장승을 민간신앙으로 알지만 과거에는 거리 이정표의 역할을 했고, 지역마다 역참제도가 있어 이동 수단으로서 말은 조선 시대까지도 그 명맥을 유지했다. 또한 본격적인 개항이 이루어지기 전까지 말은 여전히 전략적인 군수물자였고, 말이 귀하던 시절 외교 관계에 있어서도 매우 중요한 역할을 했다. 따라서 말은 국가 차원에서 관리가 되는 등 우리가 생각하는 이상으로 귀한 대접을 받았음을 알수 있다. 이처럼 문화재 속에 나타난 말을 통해 우리 역사의 한

| **의성 조문국 사적지에 세워진 기마상** | 과거 말이 가지는 의미에 대해 생각해볼 수 있다.

단면을 이해할 수 있다는 점에서 토제마가 우리에게 주는 의미는
작지 않다고 할 것이다.

석촌동 고분군
– 적석총을 통해 백제의 기원을 알 수 있다[54]

지명을 살펴보면 종종 해당 지역의 유래를 알 수 있다. 예를 들
어 정순왕후 송씨의 사릉이 있다 해서 사능리(思陵里)로 불린 것처

---

54 이 글은 『오마이뉴스』 2018년 3월 23일자, '적석총을 통해 백제가 어디에서 왔는지
   알 수 있다'에 게재한 글을 정리한 것임.

럼 석촌동(石村洞) 역시 적석총이 무너져 흩어져 있는 모습에서 유래된 지명이다. 석촌동 고분군은 위례성을 도읍으로 했던 한성백제 시기의 왕과 귀족들의 묘로 추정된다. 특징점이라면 고구려에서 집중적으로 보이는 적석총(=돌무지무덤)이 일부 확인되고 있다는 점이다. 과거 1910년대의 지도를 보면 석촌동과 가락동, 방이동 일대에 300기에 가까운 고분이 분포하고 있었는데, 지금은 개발로 인해 일부만 남아있다.

적석총을 통해 살펴보는 고구려와 백제의 친연성

석촌동 고분군은 비교적 다양한 형태의 묘제 양식을 볼 수 있는데, 특히 눈길을 끄는 건 적석총이다. 적석총은 고구려에서 쉽게 볼 수 있는 묘제로, 출토 유물을 통해 대략 3세기 후반에서 4세기 초반에 조성된 것으로 추정된다. 또한 적석총을 통해 고구려와 백제의 친연성을 보여주는 지표 유물이라고 할 수 있다.

백제의 왕릉이 어디에 조성되었는지는 『삼국사기』에 언급되어 있다. 고구려의 첩자인 도림과 개로왕이 나누는 이야기를 보면 "선왕의 해골이 들판에 가매장되어 있고, 홍수로 인해 백성들의 가옥이 자주 허물어진다"라고 말하고 있다.[55] 즉 한강과 가까운 곳에 왕릉이 조성되었음을 암시하고 있으며, 지금의 풍납동토성

---

55 『삼국사기』 권25, 개로왕조 "又取大石於郁里河 作槨以葬父骨"

| **남양주 '사릉(思陵)'** | 단종의 왕비인 정순왕후 송씨의 능으로, '사능리(思陵里)' 지명의 유래가 되었다.

과 석촌동 고분군 일대를 묘사한 것으로 추정된다. 이때 도림의 말을 듣고 개로왕이 명을 내려 욱리하(郁里河, 한강)에서 큰 돌을 캐어 관을 만들고 아버지의 유골을 수습해 장사를 지냈다. 이를 통해 돌로 만든 관이 있는 석실묘 형태의 고분을 조성했음을 알 수 있다.

석촌동 고분군은 1970년대 이후 강남권의 개발과 함께 발굴 조사가 되었으며, 일제강점기 당시까지 많이 남아있던 고분은 현재 일부만 남아있다. 예나 지금이나 석촌동 고분군이 중요하게 인식

| 석촌동 고분군 중 3호분의 전경 | 넓이로는 장군총보다 더 큰 고분으로, 축조 연대와 규모를 고려해 근초고왕의 능으로 보는 견해가 있다.

| 중국 집안(集安)에 위치한 장군총 | 피라미드 형태의 고분으로 광개토왕릉이나 장수왕릉으로 추정된다. ⓒ 홍지선

| 방이동 고분군(좌), 1호분의 석실 내부(우) | 『삼국사기』 개로왕조에 언급된 돌로 만든 관은 석실묘의 형태일 가능성이 높다.

이 되는 건 한성백제 시기 왕릉으로 볼 수 있는 고분인데다 적석총을 통해 고구려와의 관계를 알 수 있기 때문이다. 대개 무덤은 그 변화의 양상이 크지 않고, 보수적인 것을 볼 수 있다. 따라서 적석총의 존재는 고구려와 백제의 관계를 알 수 있다는 점에서 주목해볼 만하다.

고구려와 백제의 공통된 뿌리는 부여로, 고구려를 건국한 주몽이 부여 출신이라는 점과 백제를 건국한 온조와 비류의 아버지가 북부여 해부루왕의 서손인 우태인 것에서 고구려와 백제 모두 부여에서 갈라져 나온 것임을 알 수 있다. 『북사』를 보면 개로왕이 북위에 올린 표문에서 백제와 고구려가 부여에서 나왔다고 했다.

| 석촌동 4호분(상), 석촌동 2호분(하) | 묘제를 통해 고구려와 백제가 부여라는 같은 뿌리에서 나왔음을 알 수 있다.

또한 백제의 성왕 때 국호를 남부여로 바꾼 점이나, 왕의 성씨 역시 부여씨를 칭할 만큼 백제는 부여에 대한 출자의식을 강조하고 있다. 한편 석촌동 고분군 중 넓이로는 중국 집안(集安, 지안)에 위치한 장군총보다 더 큰 석촌동 3호분이 있는데, 적석총의 축조 연대와 규모를 생각할 때 근초고왕의 능으로 보는 견해가 있다.

길성리토성과 마하리 고분군

- 수원, 화성, 오산에 남겨진 백제의 흔적[56]

『후한서』 동이열전과 『삼국지』 「위서」 동이전의 기록을 보면 현 경기도와 충청도, 전라도 일대에는 마한 54개국이 존재했는데, 이 가운데 하나가 백제다. 때문에 백제의 역사는 초기 마한의 소국을 정복하는 것에서 시작해 우리가 알고 있는 백제의 원형이 만들어졌던 것이다.

여기서 재미있는 기록이 하나 있는데, 1899년에 편찬된 『수원군읍지(水原郡邑誌)』다. 여기에는 온조왕의 딸과 사위인 우성위(禹成尉)가 광교산에 거처를 했다는 내용이 등장한다. 더욱 놀라운 건 온조왕이 딸과 사위를 보기 위해 가끔씩 광교산을 찾았다는 내용과 온조가 머문 행궁과 우물이 있었다는 점이다. 이 때문에 우성

---

56 이 글은 『뉴스타워』 2018년 12월 4일자, '수원과 화성, 오산에 남아 있는 백제의 흔적'에 게재한 글을 정리한 것임.

| 광교산에서 바라본 수원시 | 『수원군읍지』에 따르면 광교산에 온조의 딸과 사위가 살았다고 전하고 있다.

위보(禹性尉保), 우성위평(禹成尉坪), 우평(禹坪) 등의 지명이 남아있다. 하지만 『수원군읍지』의 내용은 교차 검증이 어렵다는 점에서 역사적 사실보다는 전승의 관점에서 이해하는 것이 바람직하다. 그럼에도 『수원군읍지』의 기록을 무심히 넘기기 힘든 건 화성시에 분포한 백제 유적들 때문이다.

한성백제 시기에 축성된 길성리토성과 마하리 고분군

마한 54개국 중 지금의 화성시와 관련이 있는 곳은 상외국(桑外國)과 원양국(爰襄國)으로 보는 견해가 있다. 이 중 상외국은 삼귀(三歸, 三貴) 혹은 삼괴(三槐)로도 불렸는데, 지금도 우정읍에 삼괴라는 지명이 남아있다. 또한 이병도는 원양국을 남양읍과 비봉면으로 추정했는데, 비봉면은 고려 때 재양현(載陽縣)으로 불렸다. 1861년 김정호에 의해 만들어진 『대동여지도』에서 '재양'의 흔적을 찾을 수 있으며, 지금도 비봉에는 재양현성(載陽縣城)이 남아있다. 다만 이러한 추정의 근거가 지명에 의한 것이라는 점에서, 실증과 관련한 연구가 필요하다는 점은 감안할 필요가 있다.[57]

현재 화성 지역에서 출토되는 백제의 흔적은 주로 한성백제 시기로, 이 가운데 핵심이 되는 유적이 바로 길성리토성이다. 사적급으로 평가를 받는 길성리토성은 화성시 향남읍 길성리와 요리 일대에 자리하고 있다. 토성의 둘레는 2,311m로 비교적 큰 규모에 속하며, 출토 유물을 통해 3~4세기에 축성된 것으로 추정되고 있다.[58] 이를 통해 ▶ 길성리토성이 한성백제 시기에 축성되었다는 점 ▶ 위례성의 유력한 후보지로 거론되는 풍납동토성과 몽촌토성처럼 판축기법을 사용한 점 ▶ 입지 조건을 볼 때 구릉을 활용해 축성했다는 점에서 몽촌토성과 유사한 형태인 것을 알 수 있다.

한편 인근의 요리 고분과 사창리 고분군에서 확인된 위세품을 통해, 길성리토성을 경기 남부 지역의 중요한 거점성으로 보는

---

57 화성시사편찬위원회, 2007, 『화성시사1』
58 『연합뉴스』 2011년 4월 13일자, '화성 길성리토성, 한성백제시대 축조 재확인'

| **길성리토성의 성벽(상), 길성리토성의 내부(하)** | 발굴 조사 결과 한성백제 시기의 성곽인 풍납동토성과 유사성이 확인된 바 있으며, 요곡 저수지 안쪽까지 길성리토성의 내부다.

견해도 있다.[59] 특히 요리 고분에서 출토된 금동관은 당시 백제의 중앙과 화성에 있던 지방 세력의 관계를 보여준다는 점에서 의미가 있다.

백제의 세력 확장을 엿볼 수 있는 마하리 고분군

백제는 세력의 확장을 위해 결국 마한을 넘어서야 했고, 이러한 과정에서 인근의 마한 소국들을 차례로 병합하면서 중앙집권화가 이루어졌는데, 이 시기는 비류왕(재위 304~344)과 근초고왕(재위 346~375) 대로 여겨진다. 최초 화성 지역의 마한 세력과 백제는 서로 대등한 관계였다가 이후 상하가 명확한 관계로 바뀌면서, 백제의 지방 세력으로 변모했을 것으로 추정된다.

이러한 변화를 상징적으로 보여주는 곳이 화성시 봉담읍 마하리에 자리한 마하리 고분군이다. 경부고속철도의 건설 중 우연히 고분의 존재가 확인돼 발굴 조사가 이루어진 결과 수백 기의 고분 중 66기의 백제 고분이 확인됐다. 이 가운데 횡혈식 석실묘가 출현한 점은 중앙의 묘제 양식이 지방으로 전이된 사례로 추정된다.[60]

최초 백제에 의해 축성된 독산성과 '독성려왕릉'의 전승

오산과 화성의 경계에 자리한 독산성은 백제에 의해 축성이 된

---

59 화성시, 2017, 「화성지역 고대 문화의 제양상: 고대의 화성을 그리다」, p. 10
60 『화성저널』 2018년 2월 13일자, '마하리 고분군과 요리 고분의 금동관'

| 마하리 고분군(좌), 노출된 석실의 단면(우) | 66기의 백제 고분이 확인된 마하리 고분군에서 횡혈식 석실묘가 확인된 점은 백제 중앙의 묘제가 지방으로 전이되었음을 보여주는 지표라고 할 수 있다. ⓒ 류순자

이래 조선에 이르기까지 활용된 성곽이다. 지금은 돌로 쌓은 성의 흔적만 남아있지만, 지금도 세마대(洗馬臺) 아래 토성의 흔적이 일부 남아있다. 독산성의 독(禿)은 대머리를 상징, 민둥산을 의미한다. 김정호의『대동여지도』에서는 독성으로 불렸는데, 의외로 독산(禿山)이라는 지명은『삼국사기』에 등장하고 있어 독산을 오산의 시작으로 보는 견해가 있다.[61] 물론 기록에 나오는 독산이 현재의 오산 지역을 지칭하는 것인지에 대해 견해가 엇갈리고 있어 단정적으로 말하기는 어렵다. 또한 인근의 길성리토성이나 마하리 고분군 등 백제와 관련한 유적지가 남아있는 것을 보면 과거 백제의

---

61 『삼국사기』 권23, 온조왕 11년, '秋七月 設禿山狗川兩柵 以塞樂浪之路'

| 오산 독산성(좌), 독산성의 남문(우) | 최초 백제 때 토성으로 축성되었으나, 뒤에 석축으로 바뀌게 된다. 『기전영지』에 따르면 남문인 진남루 아래 독성려왕릉의 전승이 있었음을 알 수 있다.

영향력이 미쳤던 것은 분명해 보인다.[62]

한편 독산성에는 독성려왕릉과 관련한 이야기가 전해지고 있다. 이 이야기는 『기전영지(畿甸營誌)』수원도호부 고적 편에 등장하는데, 사도세자의 온양 행차 도중 독산성에 들렀을 때, 이곳에 군장으로 있던 이두섭이라는 인물이 진남루 아래 큰 무덤을 왕릉으로 말했다는 것이 이야기의 골자다. 독성은 과거 독산성의 지명이기 때문에 결국 려(麗)라는 사람이 누구인지가 핵심인데, 이를 두고 일부에서 진사왕의 이름인 여(餘)와 음이 유사하다는 이

62　김아관, 허미형, 2001 「오산 독산성, 세마대지 시굴조사보고서」, 오산시, 기전문화재연구원

유로 진사왕릉이라는 주장을 하기도 했다.[63]

하지만 고분의 실체가 확인되지 않은데다, 설령 고분이 있다고 하더라도 이름의 유사성으로 왕릉을 비정하는 것은 논리적으로 맞지가 않다. 또한 전승과 발굴 조사의 결과가 다른 경우가 있는데, 익산 쌍릉의 경우가 대표적이다. 따라서 전승은 전승의 관점에서 이해하는 것이 필요하며, 역사적 실체는 해당 지역의 조사와 연구가 진행된 뒤에 검토하는 것이 바람직할 것이다.

63 화성문화원, 2017, 『우리가 몰랐던 화성시 역사와 전통문화 돌아보기. 화성의 역사인물편』, p. 111〜114

| 독산성의 정상에 위치한 세마대지 | 세마대는 임진왜란 당시 물이 부족했던 독산성의 상황을 잘 보여준다. 하지만 권율 장군은 역발상으로 말의 등에 쌀을 부어 마치 물이 많은 것처럼 위장을 했고, 이것을 본 왜군이 포위를 풀고 물러갔다는 이야기가 전해진다.

02 문화재로 보는 웅진백제

공산성

– 백제가 두 번째 수도로 웅진을 택한 이유[64]

남하하던 문주왕은 웅진을 도읍으로 선택했다. 우선 안전이라는 측면에서 보면 웅진은 최적의 장소였는데, 북쪽으로 차령산맥이 막고 있고, 공산성의 경우 금강을 끼고 있어 방어에 용이했다. 이와 함께 현실적인 상황 판단을 해야 했는데, 당시 한 명의 병사와 한 톨의 쌀조차 아쉬운 상황이었기에 백제 왕실로서는 어느 정도 힘을 갖춘 지방 세력과 결합해야 했다.

웅진백제의 시작, 그 중심에 있던 공산성

웅진을 도읍으로 삼은 건 475년 10월이다. 이때부터 백제는 새로운 도읍인 웅진의 이름을 따서 웅진백제 시기에 접어들게 된다. 이때 새로운 도읍으로 낙점된 웅진이 지금의 공산성으로, 외형상 석성으로 축성된 것으로 보이지만, 백제가 도읍으로 삼을 때

---

64 이 글은 『오마이뉴스』 2018년 3월 26일자, '백제가 두 번째 수도로 웅진을 택한 까닭'에 게재한 글을 정리한 것임.

| 정지산 유적에서 바라본 공산성과 금강 |

만 해도 토성이었다. 지금도 공산성의 일부 구간에서 당시의 토성
흔적을 확인할 수가 있어 공산성을 찾을 때 함께 관찰하면 좋다.

　63년간 백제의 두 번째 도읍이 되었던 웅진은 성왕 때 사비(泗
沘)로 천도하면서 도읍으로서 기능은 상실하지만 여전히 방어에
있어 중요한 요충지였다. 이는 『북사』를 통해 알 수 있는데, 당시
백제에 5방이 있었는데, 중방인 고사성, 동방인 득안성, 남방인
구지하성, 서방인 도선성, 북방인 웅진성이 있다고 했다.[65] 이 가

65　『북사』 백제전. "백제의 도읍은 거발성으로, 고마성이라고 부른다. 지방에는 5방이 있
　　는데, 중방을 고사성, 동방을 득안성, 남방을 구지하성, 서방을 도선성, 북방을 웅진성
　　이라 한다."

| **웅진시대의 핵심인 공산성** | 최초 사진처럼 토성으로 만들어졌다. 문주왕이 웅진으로 천도한 이래 63년간 수도로 있었던 곳이자 백제의 5방 가운데 하나인 북방에 해당한다.

| **고사부리성의 원경** | 정읍시 고부군 고부리에 위치하고 있으며, 백제 5방 가운데 중방에 해당하며, 고사성으로 불렸다. 발굴 조사를 통해 상부상항(上部上巷)과 본피관(本彼官)이 새겨진 명문 기와 편이 출토되었다.

| 고사부리성의 성벽(좌), 성벽에 새겨진 대동(大同)명 각자(우) | 각자 언제 새겨진 것인지는 알기 어렵지만 인근의 고부 관아가 동학농민운동과 관련이 있다는 점에서 대동의 의미는 많은 생각을 하게 한다.

운데 북방에 해당했던 웅진성(=공산성)은 660년 나당 연합군에 의해 사비성이 함락당할 위기에 처하자, 의자왕이 웅진으로 피신할 만큼 중요한 요충지였다.

백제가 멸망된 이후에도 공산성은 꾸준하게 사용이 되는데, 통일 신라 때는 웅천주(熊川州)로 불렸으며, 신라 헌덕왕 때 일어난 김헌창의 난(822)을 최종적으로 진압했던 곳 역시 웅진성이다.[66] 이 같은 사실은 공산성 추정 왕궁지의 발굴 조사 과정에서 출토된 웅천

---

66 『삼국사기』 권10, 헌덕왕 13년조, "菁州都督憲昌 改爲熊川州都督"

| 웅천(熊川)명 기와 | 웅천주는 신라 신문왕 때 웅진을 부르던 명칭으로, 821년 웅천주 도독으로 부임한 김헌창이 웅천주를 기반으로 반란을 일으켰다.

명 기와를 통해 알 수 있다. 아울러 조선 시대에 이괄의 난(1624)이 발생하여 인조가 공산성으로 몽진하게 되는데, 이 때의 흔적인 쌍수정 사적비와 인절미의 유래 등이 전해지고 있다.

백제 멸망 때도 등장한 공산성, 지정학적 요충지

현재 공산성에서 확인되는 백제 유적은 추정 왕궁지를 비롯해 임류각지 등이 남아 있다. 임류각(臨流閣)은 동성왕 시기에 지어진 건물로 『삼국사기』에도 등장하고 있다. 또한 성안마을의 발굴 조사 과정에서 정관(貞觀)이 새겨진 칠갑옷이 발견되었는데, 정관은 당 태종의 연호다.[67] 지금도 해당 칠갑옷이 당나라의 갑옷인지 백제의 갑옷인지에 대해 의견이 나뉘고 있지만, 분명 백제의 멸망과 관련한 이야기를 담고 있다는 점에서 주목해볼 유물이다.[68]

---

67   원문은 다음과 같다. "貞觀十九年四月十一日"

68   『동아일보』 2017년 6월 7일자, '백제시대 최고급 옻칠 갑옷. 왜 저수지 한가운데 묻혔을까'

| **임류각지** | 『삼국사기』 동성왕조에는 궁궐 동쪽에 임류각을 세웠는데, 연못을 파고 화려한 새를 길렀다고 전한다. 당시 꽤나 사치스러웠던지 이에 항의하는 신하들도 있었다고 하는데, 동성왕은 이를 듣기 싫어해 궁궐 문을 닫았다고 한다. 예나 지금이나 소통의 중요성을 생각하게 하는 대목이다.

또한 갑옷의 경우 옷칠을 한 것이 특징이다. 이와 관련해 『통전』에는 백제에 황칠나무가 있다는 기록이 있으며,[69] 『삼국사기』 보장왕조에는 645년 5월 의자왕이 당나라에 황금칠을 한 갑옷을 바친

| **성안마을에서 출토된 칠갑옷** | 당 태종의 연호인 정관(貞觀)이 새겨져 있다.

---

69 『통전』 백제전. "백제의 서남 바다에는 3개의 섬이 있어 황칠수가 나오는 나무가 있다."

사례가 있어 백제에 칠갑옷이 있었음을 보여준다.[70] 한편 계룡산 자락에 있는 고왕암(古王庵)은 사비가 함락된 뒤 웅진으로 피신한 부여융이 숨었다는 이야기가 전해지고 있다. 이처럼 공산성은 백제의 멸망이라는 혼돈 속에 그 흔적을 남겼으며 말없이 흐르는 금강이 그 치열했던 역사의 흔적을 담고 있다.

– 가루베지온에 의해 도굴되어 버린 송산리 고분군[71]

석촌동 고분군의 사례에서 알 수 있듯, 백제는 도읍 가까이에 왕릉을 조성했다. 이러한 이유로 공산성 인근에 위치한 송산리 고분군은 백제의 왕릉으로 주목을 받아왔고, 실제 무령왕릉의 발굴로 웅진 시기의 왕릉인 것이 입증이 되었다. 63년간 웅진 시기의 도읍이었던 공산성과 함께 공주를 대표하는 백제 유적지 중 한 곳인 송산리 고분군은 중요한 의미를 가진다.

송산리 고분군의 비극, 가루베지온의 도굴

현재 남아있는 송산리 고분군은 7기의 고분으로 구성이 되어 있는데, 위쪽의 1호분에서 4호분은 일렬로 정렬이 되어 있고, 아

---

70 『삼국사기』권21, 보장왕 4년. "백제가 황금색으로 칠한 쇠 갑옷을 바치고, 또 검은 쇠로 만든 무늬 있는 갑옷을 군사들에게 입혀 종군하였다."

71 이 글은 『오마이뉴스』 2018년 3월 30일자, '공주 공립학교 교사, 사실은 도굴꾼이었다'에 게재한 글을 정리한 것임.

| **송산리 고분군의 전경** | 웅진 시기에 조성된 백제의 왕릉급 고분이다.

래쪽에 서로 다른 묘제 양식을 한 3기의 고분이 밀집된 형태다. 위에 정렬된 1~4호분과 가장 아래쪽에 있는 5호분의 묘제 양식은 석실묘로 확인이 되었으며, 5호분의 경우 궁륭형(穹窿形)으로 천장이 좁아지는 형태다. 6호분의 경우 이전과 달리 벽돌무덤(=전축분)의 양식이 나타나는데, 이 같은 묘제 양식은 중국의 남조 국가들에서 찾아볼 수 있다. 실제 송산리 6호분에서 출토된 양선이 위사위(梁宣以爲師矣) 명문 벽돌을 통해 양나라의 영향을 받았음을 보여주고 있어, 당시 백제와 남조 국가들 사이에 물적·인적 교류

| **송산리 5호분의 단면** | 단면도를 보면 천장이 좁아지고 그 위에 대형 판석을 올린 형태의 궁륭형인 것을 알 수 있다.

| **송산리 6호분의 모형** | 백제 고분으로 드물게 사신도가 그려져 있다. 동성왕 혹은 무령왕비의 능으로 추정된다.

가 활발했음을 알 수 있다. 한편 6호분의 경우 백제 고분에서는 보기 드물게 벽화인 사신도가 그려져 있어 눈길을 끈다.

하지만 1932년 이전 송산리 1~5호분은 이미 도굴이 된 상태였고, 여기에 우연히 발견된 6호분마저 당시 공주 공립보통학교에 교사로 있던 가루베지온(輕部慈恩)에 의해 도굴되었다. 명색이 교육자라는 인간이 도굴꾼이나 다름없는 행동을 벌였으니, 가히 송산리 고분군의 비극이라 할 만하다. 재미있는 점은 당시 가루베지온이 6호분을 도굴하면서 더 이상의 고분은 없다고 판단을 했는데, 역설적으로 이러한 판단으로 인해 무령왕릉이 온전히 보존될 수 있었다는 점이다. 지금이야 무령왕릉의 봉분을 만들었지만, 발견될 당시만 해도 이곳에 고분이 있다고 생각하지 못했기에 가루베지온의 오판은 우리에게 있어 천운이고 다행스러운 일이 아닐 수 없다.[72] 한편 송산리 고분군의 연대를 추정할 때 지석을 통해 연대가 확실한 무령왕릉을 기준으로, 6호분의 피장자를 동성왕 혹은 무령왕의 왕비로 추정하는 견해가 있다.

송산리 고분군에 위치한 방단계단형 적석유구

송산리 고분군을 찾으면서 유독 인연이 닿지 않은 곳 중 방단계단형 적석유구가 있다. 재미있는 건 발굴 조사 결과 계단 형태

---

72   이도학, 2003, 앞의 책, p. 758

| **방단계단형 적석유구** | 송산리 고분군의 가장 위쪽에 자리하고 있으며 개로왕의 가묘 혹은 제단으로 추정된다.

의 제단 모양을 하고 있지만, 별도의 목관이나 장사를 지낸 흔적은 확인이 되지 않았다는 점이다. 그럼에도 내부에서 삼족토기를 비롯해 백제 토기와 옹관 편이 수습이 되었는데, 일부에서 시신이 없는 가묘로 보는 견해가 제기된 바 있는데, 가묘라는 것을 전제로 두고 본다면 가능성이 높은 인물로 개로왕을 이야기할 수 있다. 앞서 살펴본 것처럼 개로왕은 아차성 아래에서 피살당했는데, 시신에 대한 수습이 이루어지지 못했다. 그 뒤 문주왕이 웅진으로 천도를 했기 때문에 개로왕의 가묘일 가능성이 높다고 보는 견해다.[73]

73 엄기표, 2005, 『백제왕의 죽음』, 고래실, p. 105

반면 형태나 출토 유물을 봤을 때 제사 시설로 봐야 한다는 견해 역시 제기되고 있고, 실제 안내문에도 두 가지 가능성을 모두 적시하고 있다. 한편 2018년 12월, 30년 만에 방단계단형 적석유구의 재발굴이 진행되었다. 이 과정에서 매장 주체부가 발견되지 않은 점을 볼 때 제사 시설로 볼 수 있다는 견해와 쇠못의 출토로 무덤의 가능성을 완전히 배제할 수 없다는 의견이 제기된 바 있다. 그러나 이번 발굴 조사를 통해서도 명확하게 제사 시설과 무덤 중 어느 한쪽으로 결론이 내려지지 않았다.[74] 하지만 '방단계단형 적석유구'의 존재는 개로왕과 웅진으로 천도하던 당시의 이야기를 생각해볼 수 있다는 점에서 관심 있게 지켜봐야 할 역사의 현장이라고 할 수 있다.

무령왕릉
- 한국 고고학의 흑역사로 기록된 무령왕릉 발굴[75]

고분은 주변에서 어렵지 않게 볼 수 있는 문화재 중 하나다. 그러나 고려 시대 이전을 기준으로 피장자가 밝혀진 사례는 극히 드물다. 그나마 예외적인 경우라 할 수 있는 무령왕릉의 경우 발굴 조사 과정에서 확인된 지석을 통해 피장자가 명확하게 규명된 사

---

74 「연합뉴스」 2018년 12월 5일자. '30년 만에 정식조사했지만… 송산리 고분군 석축 성격 규명 무산'
75 이 글은 「오마이뉴스」 2018년 4월 4일자. '한국 고고학의 흑역사로 기록된 무령왕릉 발굴'에 게재한 같은 제목의 글을 정리한 것임.

| **무령왕릉의 전경** | 백제의 왕릉 중 유일하게 피장자가 확인된 경우다.

| **무령왕릉의 발굴 당시를 재현해둔 모습** | 당시의 실측도와 사진이 많지가 않기 때문에
정확한 재현이라고 할 수는 없다.

례다. 또한 삼국의 항쟁과 나당전쟁으로 이어지는 기간에 중국과의 교류가 이어지면서 이전과 달리 고분에 비석을 세우는 경향을 보인다. 대표적으로 경주 무열왕릉, 김인문묘, 김유신묘 등에 비석이 세워졌다. 따라서 왕릉 앞에 비석을 세운 경우 명문을 통해 피장자의 규명이 가능한데, 무열왕릉과 흥덕왕릉의 사례가 이에 속한다.[76]

이런 의미에서 무령왕릉의 발굴은 매우 의미가 있고, 큰 관심사에 속하는 것이었다. 당시 무령왕릉의 발굴을 두고 100년에 한 번 나올까 말까 한 행운이라는 축하까지 있을 정도였다. 실제 무령왕릉에서 쏟아진 방대한 유물은 기록이 부족한 백제사에 많은 도움이 되었다. 이러한 무령왕릉의 발굴은 실로 우연이었다. 1971년 7월 5일 송산리 고분군에서 배수로 공사를 하던 중 인부의 삽 끝에서 벽돌이 확인되었다. 그리고 이를 파내려 가자 둥근 아치형의 고분의 입구가 드러났던 것이다.

기적과 같은 발견 이면에 흑역사로 남겨진 무령왕릉의 발굴

고분의 입구는 벽돌로 촘촘히 막혀 있었는데, 비가 와서 공사가 중단되었다가 비가 그친 이후 입구를 열기 전 간단하게 제사를 지내고 막혀있던 벽돌을 빼내면서, 역사적인 무령왕릉의 발굴이 시작되었다. 당시 발굴 단장이던 김원룡 박사를 비롯해 고분을 열

---

76 「논객닷컴」, 2019년. 2월 14일자, '신라왕릉과 사찰은 어떤 연관이 있을까?'

| **무령왕릉의 내부 모형** | 송산리 6호분과 동일한 벽돌무덤으로 만들어졌다.

었던 관계자들의 눈에 기괴하게 생긴 석수와 그 아래 놓인 지석이 눈에 들어왔다. 그리고 지석을 판독하던 사람들은 영동대장군백제사마왕(寧東大將軍百濟斯麻王)이라는 명문에 놀라게 된다.

『일본서기』에 기록된 무령왕의 이름은 사마로, 지석을 통해 이곳이 무령왕릉이라는 것이 확인된 것이다. 이 역사적인 대발견은 이내 전국으로 퍼져나가고 무령왕릉 주변으로 사람들이 몰려들어 장사진을 이루었다. 특히 기자들의 취재 경쟁으로, 무질서하게 사진을 찍는 과정에서 청동숟가락이 부러지기도 했다. 결국 유물의 훼손을 우려해 제대로 된 조사는 해보지도 못한 채 고분을 연지 하루 만에 유물을 수습하는 참사가 벌어지고 만 것이다.

 김원룡 박사는 당시를 회고하면서 있어서는 안 되는 일이었다고 스스로를 자책했는데,[77] 이 같은 현실은 무령왕릉과 같은 중요한 발굴을 우리 손으로 해본 경험이 없었다는 점과 고분을 발굴할 수 있는 전문가가 부족했던 점이 한몫했다. 하지만 역설적이게도 무령왕릉의 발굴은 우리 고고학을 한 단계 더 성장시키는 계기가 되었다. 지난 2009년 2월 10일 국보 제1호 숭례문이 화재로 불에 타 무너지는 모습은 우리에게 큰 상실감과 상처를 남겼다. 또한 당시 문화재 관리 실태를 비롯해 예산이나 지원 등의 문제점을 돌아보는 계기가 되었다.

 마찬가지로 무령왕릉의 졸속 발굴은 흑역사였지만, 이를 반면교사로 삼아 이후 경주의 황남대총과 천마총 등을 발굴할 때는 체계적으로 이루어질 수 있었다. 당시 무령왕릉의 실측도나 제대로 된 사진을 남기지 못했기에 무령왕릉에 관한 더 많은 정보를 알 수 있는 기회가 사라졌다는 점은 두고두고 아쉬운 대목이다.[78] 이처럼 송산리 고분군 가운데 유일하게 도굴되지 않은 채 발견되었던 무령왕릉은 우리에게 많은 정보를 주었지만, 동시에 반면교사로 삼아야 할 교훈을 남긴 셈이다.

77 김원룡, 1978, 『노학생의 향수』, 열화당. "죽은 사람들과의 대화-고분에서 배우는 일생"
78 이도학, 2003, 앞의 책, p. 758~762

무령왕과 왕비의 지석이 들려주는 이야기: 빈전의 가능성이 있는 정지산 유적

무령왕릉의 발견 중 가장 중요한 핵심 유물이라고 하면 단연 지석이라고 이야기할 수 있다. 우선 무령왕의 이름이 사마로 불렸다는 사실과 62세에 세상을 떠났다는 사실을 알 수 있는데, 백제의 왕 중 보기 드물게 생몰년을 확인할 수 있는 셈이다. 크게 무령왕의 지석 앞면은 무령왕의 생몰년과 장지의 조성에 관한 내용이며, 뒷면은 방위를 알려주는 간지도(干支圖)가 새겨져 있다.

"寧東大將軍百濟斯
麻王年六十二歲癸
卯年五月丙戌朔七
日壬辰崩到乙巳年八月
癸酉朔十二日甲申安厝
登冠大墓立志如左"

영동대장군 백제 사마왕께서 나이가 62세인 계묘년(=523) 5월 7일에 돌아가셨다. 을사년(=525) 8월 12일에 안장하여 대묘에 올려 모시며, 기록하기를 이와 같이 한다.

– 무령왕의 지석 앞면[79]

79 국립중앙박물관, 2016, 『세계유산 백제전, 도록』 p. 186

| **무령왕의 지석** | 영동대장군백제사마왕(寧東大將軍百濟斯麻王)의 명문을 통해 무령왕릉인 것이 확인되었다.

영동대장군(寧東大將軍)은 중국 양나라로부터 받은 작호이고, 사마는 『일본서기』에 기록된 무령왕의 이름이다. 따라서 지석을 통해 무령왕릉인 것이 확인되었으며 계묘년(癸卯年)인 523년에 세상을 떠났으니 이를 거슬러 가면 출생년도가 462년인 것을 알 수 있다. 한편 함께 발견된 무령왕비의 지석과 뒷면에 있는 매지권(買地券)은 빈전(殯殿, 시신을 능에 장사 지내기 전 임시로 안치하는 건물)이 있었다는 사실을 말해주고 있어 주목된다.

"丙午年十二月百濟國王大妃壽
終居喪在酉地己酉年二月癸
未朔十二日甲午改葬還大墓立

志如左"

병오년(=526) 11월 백제국왕대비가 천명대로 살다가 돌아가셨다.
서쪽의 땅에서 상을 지내고, 기유년(=529) 2월 12일에 다시 대묘로
옮기어 장사지내며 기록하기를 다음과 같이 한다.

- 무령왕비의 지석 앞면[80]

무령왕비의 지석을 보면 백제국왕대비가 세상을 떠나자 빈전을
설치하고, 삼년상을 지낸 뒤 529년 2월 12일에 무령왕과 합장했
다는 내용이다. 여기서 유지(酉地)를 서쪽 방향으로 봤는데, 공산
성을 중심으로 봤을 때 현재의 정지산 유적의 방향과 일치하고 있
어, 무령왕비의 빈전이 있었던 것으로 추정하고 있다. 실제 정지
산 유적에서는 사용 용도를 알 수 없는 건물지가 확인되었다. 발
굴 조사를 통해 국가의 중요 시설에 사용된 8잎 연꽃무늬 수막새
를 비롯해 토기류 등이 출토되었는데, 제사 용도의 건물인 것으
로 추정된다.

"錢日万文右一件
乙巳年八月十二日寧東大將軍
百濟斯麻王以前件錢訟
土王土伯土父母上下衆官二千石

---

80   국립중앙박물관, 2016, 『세계유산 백제전, 도록』, p. 187

| **정지산 유적** | 무령왕비의 지석에 나온 유지(酉地)와 신지(申地)의 위치를 근거로 정지산 유적을 무령왕비의 빈전으로 보는 견해가 있다.

買申地爲墓故立券爲明

不從律令"

돈 1만매, 이상 1건 을사년(=525) 8월 12일 영동대장군 백제 사마 왕은 상기의 금액으로 토왕, 토백, 토부모, 천상천하의 이천 석의 여러 관리에게 문의하며 남서 방향의 토지를 매입하여 능묘를 만들었기에 문서를 작성하여 증명을 삼으니, 율령에 구애받지 않는다.

- 무령왕비의 지석 뒷면[81]

81   국립중앙박물관, 2016, 『세계유산 백제전, 도록』, p. 187

또한 매지권에 등장하는 신지(申地)를 남서 방향으로 추정할 경우 공산성을 중심으로 무령왕릉의 위치와 일치하는 것을 볼 수 있다.[82] 반면 정지산 유적에서 출토된 연화문 와당이 사비 시기에 축조된 동남리 절터의 것과 같은 물품이라는 것을 근거로 정지산 유적을 '빈전'으로 보기 어렵다는 주장 역시 참고해볼 만하다.[83]

무령왕릉에서 출토된 청동신수경의 각명

무령왕릉에서 출토된 유물 중 청동신수경이 있다. 흔히 우리가 동경이라고 부르는 거울로, 해당 유물은 그 조각이 섬세한 편으로, 중앙의 둥근 손잡이 주위로 사각형의 테두리 안에 십이지(十二支)가 새겨져 있다. 또한 좌우로 사신(四神)이 자리하고 있고, 중앙에 선인으로 보이는 이가 하늘을 날고 있는 모습과 함께 다음과 같은 각명이 새겨져 있다.

"尚方作竟眞大好上有仙人不知老渴飲玉泉飢食棗壽如金石兮"
상방에서 만든 거울은 참으로 좋아 옛날 선인들이 늙지 않았고, 목마르면 옥 샘물을 마시고 배고프면 대추 먹으며 쇠, 돌과 같이 긴 생명을 누렸도다.

- 무령왕릉 출토, 청동신수경의 명문[84]

82 「동아일보」 2016년 8월 17일자, '백제 정지산 유적 빈전, 무령왕릉 지석으로 풀었다.'
83 「동아일보」 2017년 11월 21일자, '공주 정지산 유적, 백제 무령왕의 빈전 아니다.'
84 국립중앙박물관, 2016, 「세계유산 백제전, 도록」 p. 185

| 무령왕릉에서 출토된 청동신수경(좌), 무령왕릉에서 출토된 무령왕비의 은팔찌(우) |

해당 각명을 통해 백제에서 신선과 관련한 도교 사상이 퍼져 있었음을 알 수 있다. 이를 통해 당시의 시대상을 이해할 수 있다는 점에서 중요한 자료가 된다.

무령왕비의 은팔찌에 새겨진 명문

무령왕비의 은팔찌는 두 마리의 용이 사실적으로 묘사되어 보는 이로 하여금 감탄을 자아내게 한다. 그런데 이러한 외형보다 더 눈길이 가는 것은 은팔찌 안쪽에 연대와 피장자의 신분을 확인할 수 있는 명문이 남아있다는 점이다.

"庚子年二月多利作大夫人分二百卅主耳"

경자년 2월에 다리라는 장인이 대부인을 위하여 230주이를 들여 팔찌를 만들었다.

- 무령왕릉 출토, 은팔찌의 명문[85]

팔찌의 안쪽에 새겨진 명문을 보면 경자년(庚子年)은 520년을 말하는데, 다리(多利)라는 장인이 대부인을 위해 팔찌를 만들었다고 기록하고 있다. 여기서 대부인(大夫人)은 왕비를 말하는 것으로 보인다. 당시 부인은 높은 신분의 여성을 지칭했는데, 대표적으로 진평왕의 왕비인 마야부인(摩耶夫人), 김유신의 어머니 만명부인(萬明夫人) 등의 사례를 통해 알 수 있다.

85 국립중앙박물관, 2016, 『세계유산 백제전, 도록』, p. 199

03 문화재로 보는 사비백제

부여 나성, 관북리 유적과 부소산성

– 새로운 계획도시, 사비로의 천도

무령왕 시기 백제는 다시 강국이 되었고, 이를 기반으로 성왕이 즉위하면서 웅진에 대한 근본적인 한계를 고민하기 시작한 것으로 보인다. 사실상 웅진은 방어에 이점이 있지만 왕궁이자 국가의 도읍으로서는 규모가 작다는 한계를 가지고 있었다. 도읍은 단순히 방어만 잘된다고 되는 것이 아니라 정치, 경제, 외교, 교역 등 다양한 부분의 중심이 되어야 했다. 또한 왕권의 강화라는 측면에서 새로운 도읍의 천도는 시기의 문제일 뿐, 언제 일어나도 이상한 건 아니었다. 다만 천도할 장소가 다소 의외였는데, 바로 사비(泗沘. 지금의 부여)였다. 사비는 소부리군(所夫里郡)[86]으로 불렸는데, 늪지대이자 사냥터로 사용되던 버려진 땅이었다.

사비가 역사의 전면에 등장을 하게 된 것은 동성왕 시기로, 기

---

86 『삼국유사』 권2, 기이 제2, '남부여, 전백제, 북부여'

| **가림성의 원경(좌), 가림성의 성벽(우)** | 부여 성흥산성으로도 불리며 동성왕을 시해한 '백가(苩加)'가 성주로 있었다.

록을 보면 동성왕이 사비로 사냥을 나간 기록이 다수 확인된다.[87] 또한 동성왕의 시해와 연관이 되는 가림성이 이 시기에 축성이 되는데, 일부에서 사비 천도와 관련이 있다고 보기도 한다. 당시 가림성(加林城)의 성주는 백가(苩加)였는데, 그는 자신을 좌천시킨 동성왕을 원망하고 있었다. 그러던 차에 사냥을 나온 동성왕이 큰 눈에 막혀 마포촌에 묵고 있다는 사실을 알게 되자 동성왕을 시해하게 된다.[88] 그렇다면 성왕은 왜 사냥터로 쓰이던 사비를 주목했던 것일까?

계획도시로 건설된 사비성과 성왕의 천도

성왕이 언제부터 사비를 주목했는지 정확하게 알기는 어렵지만, 백제가 발전하기 위해서는 웅진을 벗어나야 한다고 인식했던 것은 분명해 보인다. 성왕이 사비를 주목했던 건 웅진이 가지지 못한 지형적인 특징 때문으로 보이는데, 백마강을 끼고 있는 사비는 부소산 일원을 제외하면 대부분 넓은 평지로 구성되어 있다. 또한 돌출된 지형의 끝인 석목리의 필서봉에서 염창리까지 부여 나성을 축성했으며, 이러한 부여 나성은 부소산성과 연결되어 도시의 방어와 함께 경계를 구분했다.

이를 보여주는 흔적이 부여 동남리, 정림사지 북서쪽에서 출토

---

87 『삼국사기』 권26, 동성왕 12년조, 12년(서기 490) 9월, 23년(서기 501) 10월, 11월 참조
88 『삼국사기』 권26, 동성왕 23년조

| 부여 동남리에서 출토된 상부전부천자차이(上部前部川自此以) 표석 | 상부와 전부가 나뉜다는 표석의 내용은 사비가 5부로 나뉘고, 부마다 5항이 있다는 기록을 입증해주는 유물이다.

된 상부전부천자차이(上部前部川自此以) 표석이다. 해당 명문은 상부와 전부가 나뉜다는 의미다. 『북사』를 보면 "도성에는 1만 가가 거주하고, 5부로 나뉘었는데 상부, 전부, 중부, 하부, 후부이고, 부에는 5항이 있다"는 기록이 있어, 표석은 이러한 기록을 입증해주는 유물인 것을 알 수 있다. 이를 통해 사비의 내부가 오부오항(五部五巷)으로 구획되었음을 알 수 있으며, 이 경우 앞선 표석이 도로 표지석의 기능을 했을 것이라고 보는 견해도 있다.

왕권 강화를 추구했던 성왕에게 있어 사비 천도는 새로운 백제를 위한 원대한 계획 중 하나였고, 538년 마침내 사비로 천도하면서 결실을 맺게 된다. 한편 사비는 부여 나성과 부소산성으로 조성된 특징을 보이는데, 이는 신라의 도읍인 '반월성=명활산성',

| **관북리 유적 내 대형 건물지** | 부소산 아래 자리한 관북리 유적은 사비 시기 왕궁과 관청이 있던 것으로 추정된다.

고구려의 도읍인 '국내성=환도산성' 등 평지성과 산성으로 조성된 사례와 유사하다. 또한 사비는 웅진으로 천도했던 시기와 달리 자발적으로 천도를 단행했고, 새로운 계획도시로서의 면모를 보여준다는 점에서 주목해볼 공간이다.

이와 함께 부소산 아래에는 여러 건물지가 남아 있는데, 백제의 왕궁과 관청이 있었을 것으로 추정된다. 또한 관북리 유적에서 주목해야 할 곳 중 도로 유적이 있다. 보통 도로를 인간의 혈관과 비교하는데, 유럽의 모태라고 할 수 있는 로마 제국의 번영을 도로에서 찾는 견해도 있다. 또한 경부고속도로의 건설이 우리 산

| 관북리 유적에서 확인할 수 있는 도로 유적 | 사비성이 격자 형태의 구획으로 나누어졌음을 알 수 있다.

업화의 발판이 되었다는 점에서, 도로 유적은 당시 백제인들이 도로의 중요성을 인지하고 있었다는 점을 보여준다.

사비, 현재의 시각이 아닌 당대의 시각으로 바라봐야 할 백제의 도읍

사비는 평지성인 부여 나성이 있고, 전쟁 등의 위급 상황 때 피난 산성의 개념으로 쓰였을 부소산성이 자리하고 있다. 부소산성에는 낙화암(落花巖)을 비롯해 고란사(皐蘭寺), 백마강의 유래가 되는 조룡대(釣龍臺) 등이 남아 있다. 현재 부소산성의 성벽은 크게 백제 때 쌓은 2.5㎞의 포곡식 산성과 이후 신라에 의해 추가로 만

| **부여 나성(좌), 부소산성(우)** | 동시대의 수도인 평양이나 서라벌처럼 평지성과 산성의 형태를 보이고 있다.

들어진 테뫼식 산성이 공존하는 모습으로, 포곡식 산성의 경우 전형적인 판축토성이다.[89]

이처럼 계획도시로 건설했던 사비성이지만 문제는 넓어진 평야 만큼 방어할 공간 역시 그만큼 넓어졌다는 점이다. 즉 방어의 측면에서 불리함을 안고 있었는데, 이는 나당 연합군에 의해 사비성이 함락되는 과정에서 여실히 드러났다. 조선 시대 『택리지』를 쓴 이중환은 사비에 대해 "땅이 기름져 부유한 자가 많으나 도읍터로 논한다면 판국이 작고 비좁아 평양, 경주만 못하다"라고 했

---

89 대한문화재연구원, 2015, 『삼국시대 고고학개론』, 진인진, 2015, p. 126

| 부소산성의 군창지 | 군량을 보관하던 창고로, 백제와 조선시대의 유적이 혼재되어 나타나고 있다.

으며,[90] 다산 정약용은 『여유당전서』를 통해 "부여는 너른 평야에 자리하여 100리 안에 의지할 만한 봉수대나 성벽이 없고, 가려줄 만한 울타리가 없다"라고 지적, 끝까지 위례성을 지켰다면 외부의 침략이 달랐을 것이라 평가를 내리기도 했다.[91] 결국 이들이 본 것처럼 백제 멸망기의 사비는 풍전등화의 위기에 빠지게 되고, 결국 의자왕은 사비성를 포기한 채 웅진으로 피신하기에 이른다.

백제 멸망 이후 사비는 과거의 영광을 되찾지 못했는데, 일제강

90   이중환, 이익성 역, 2006, 『택리지』, 을유문화사, p. 95
91   정약용, 『여유당전서』 권12, 백제론

점기 당시 부여를 방문한 일본인들은 평범한 시골 풍경인 부여의 모습에 실망하기도 했다. 또한 유홍준은 『나의 문화유산답사기』를 통해 "왕도의 위용은 커녕 조그만 시골 읍내의 퇴락한 풍광뿐"이라고 아쉬움을 드러낸 바 있다.[92] 성왕에 의해 123년간 새로운 백제의 도읍으로 역사에 기록된 사비, 그 찬란했던 역사와 문화가 잠들어 있는 사비를 제대로 이해하기 위해서는 현재의 관점이 아닌 당대의 시각으로 바라볼 때 우리는 백제의 진면목을 다시금 알게 될 것이다.

왕흥사지와 능산리사지

- 왕흥사지 사리기와 창왕명석조사리감[93]

기록에는 없지만 금석문을 통해 시대를 이해할 수 있는 경우가 있다. 대표적으로 왕흥사지와 능산리사지의 발굴 과정에서 출토된 유물을 주목해볼 필요가 있는데, 바로 왕흥사지 사리기와 창왕명석조사리감이다. 이 두 유물에서 공통적으로 등장하는 인물이 있는데, 바로 창왕(昌王)이다. 기록에 나오는 창왕은 위덕왕(재위 554~598)으로 성왕의 아들이다. 해당 유물을 통해 기록에는 없는 위덕왕의 가계와 시대를 알 수 있다는 점에서 의미가 있다.

92 유홍준, 2011, 『나의 문화유산답사기 3: 말하지 않는 것과의 대화』, 창비, p. 392
93 이 글은 『논객닷컴』 2019년 1월 10일자, '역사를 어떻게 바라볼 것인가?'에 게재한 글 중 일부를 정리한 것임.

| 대재각(大哉閣)에서 바라본 백마강 | 우측에 부소산과 낙화암이 있고, 좌측에 왕흥사지가 자리하고 있다. 즉 사비성에서 왕흥사지로 가려면 배를 타고 건너야 했다.

왕흥사지 사리기가 들려주는 이야기: 왕흥사의 창건 연대와 죽은 왕자의 명복을 빌기 위한 왕흥사

우선 부여를 탐방할 때 함께 가는 사람들에게 왕흥사지에 대해서 아냐고 물어보면 십중팔구 모른다는 답변을 듣게 된다. 전공자가 아닌 이상 일반인들이 왕흥사지에 대해 접하기란 쉽지 않다. 또한 막상 왕흥사지를 찾아간다고 해도, 현재 왕흥사지는 건물지와 목탑지의 흔적만 있을 뿐, 외형적인 상징성을 찾기가 어렵기 때문에 일반인들의 입장에서는 볼 것이 없다는 말이 절로 나오게 된다.

| 왕흥사지에서 출토된 왕흥(王興)명 기와(좌), 왕흥사지의 목탑지(우) | 목탑지에서 왕흥사지 사리기가 출토되었다.

왕흥사지는 부여군 규암면 신리에 위치하고 있는데, 백마강을 사이에 두고 사비와 마주하고 있다. 지금처럼 다리가 있었던 시대가 아니었기에 백마강 건너편에 있는 왕흥사를 가기 위해서는 필수적으로 배를 타고 이동해야 했다. 이를 알 수 있듯 『삼국사기』에는 "그 절은 강가에 있었는데, 채색이 웅장하고 화려하였다. 임금이 매번 배를 타고 절에 들어가서 향을 피웠다"라고 기록하고 있다.[94] 즉 왕흥사는 왕이 예불하러 가는 사찰로서, 그 지위가 상당히 높았음을 알 수 있다.[95]

이러한 왕흥사(王興寺)의 창건과 관련해 기록마다 이견이 있는데,

94　『삼국사기』 권27, 법왕 2년조
95　『삼국사기』 권27, 무왕 35년조

| 왕흥사지 목탑지에서 출토된 왕흥사지 사리기 |
청동제사리함에 새겨진 명문을 통해 왕흥사의 창
건 연대와 목적을 알 수 있다.

우선『삼국사기』는 법왕 때인 600년에 왕흥사가 창건되었다고 적고 있다. 반면『삼국사기』무왕조의 기록을 보면 634년 왕흥사가 창건되었다고 밝히고 있어, 같은 기록 내에서도 왕흥사의 창건 연대가 틀린 것을 볼 수 있다. 반면『삼국유사』에서는 최초 법왕 때 창건하려고 터를 준비했던 것을 무왕 때 완성했다고 한다. 그리고 이때의 사찰이 왕흥사가 아닌 미륵사(彌勒寺)로 나오고 있다. 그런데 왕흥사지 목탑지에서 출토된 왕흥사지 사리기는 이러한 기록과 전혀 다른 이야기를 들려준다.

지난 2007년에 발굴 조사를 통해 확인된 왕흥사지 사리기는 일종의 사리공양구로 크게 청동제 사리함을 비롯해 은제사리외병, 금제사리외병, 금과 옥 등으로 구성되어 있다. 여기서 핵심은 청동제 사리함에 새겨진 명문으로, 그 내용은 다음과 같다.

"丁酉年二月十五日　百濟王昌爲亡王子立刹　本舍利二枚　葬時

神化爲三"

정유년 2월 15일, 백제왕 창이 죽은 왕자를 위해 사찰을 세웠다.
본래 사리가 두 매였는데, 묻을 때에 신기하게 셋이 되었다.[96]

— 왕흥사지 사리함 명문

위의 명문을 통해 창왕(=위덕왕)이 죽은 왕자를 위해 사찰을 세웠다는 점과 건립 목적이 원찰이었음을 알 수 있다. 또한 창건 연대가 규명되었는데, 위덕왕 시기의 정유년(丁酉年)은 577년이다. 따라서 왕흥사지 사리기의 명문은 앞선『삼국사기』에 등장하는 왕흥사의 창건 연대보다 더 빠르다는 사실을 알 수 있다는 점에서 의미가 있다.

능산리사지의 성격을 규명하는 열쇠, 창왕명석조사리감

위덕왕과 관련해 또 하나 주목해볼 유물은 창왕명석조사리감이다. 이 유물이 출토가 된 곳은 능산리사지로, 지금의 능산리 고분군과 부여 나성의 사이에 위치하고 있다. 특히 능산리사지에서는 백제 문화의 정수인 백제 금동대향로를 비롯해 창왕명석조사리감이 출토되어 주목된 바 있다. 창왕명석조사리감은 사리를 보관하기 위한 감실(龕室)로 목탑지의 심초석에서 출토되었는데, 여기에 다음과 같은 명문이 새겨져 있었다.

96　국립중앙박물관, 2016, 「세계유산 백제전, 도록」, p. 117

| 창왕명석조사리감(좌), 능산리사지의 목탑지(우) | 왕의 누이인 공주가 사리를 공양했다는 내용으로, 그 대상은 위덕왕과 공주의 아버지인 성왕일 가능성이 높다.

"百濟昌王十三秊太歲在　丁亥妹公主供養舍利"

백제 창왕 13년(=567) 정해년에 왕의 누이인 공주가 사리를 공양했다.

- 창왕명석조사리감 명문

위의 명문을 통해 567년에 왕의 누이인 공주가 사리를 공양한 것을 알 수 있다.[97] 그렇다면 공주는 누구를 위해 사리를 공양한 것일까? 이를 이해하기 위해서는 능산리사지와 함께 능산리 고분군을 주목해야 한다. 한때 백제왕릉원으로 불린 능산리 고분군은 사비 시기의 왕과 왕비, 왕족들의 고분으로 추정되는데, 둘의 위치를 봤을 때 능산리사지는 능산리 고분군의 원찰이었을 가능성이 높다. 원찰(願刹)이란 죽은 이의 명복을 빌어주기 위해 세우는

---

97 국립중앙박물관, 2016, 『세계유산 백제전, 도록』, p. 110

| 능산리 고분군의 전경(상), 중하총(하) | 중하총의 경우 성왕의 능으로 전해지고 있다.

| 동하총의 내부 모형 |

사찰로, 불교가 이 땅에 전래된 이래 왕의 명복을 빌어주는 원찰은 어렵지 않게 찾아볼 수 있는데, 대표적으로 문무왕의 원찰인 감은사(感恩寺)를 들 수 있다.[98]

이 경우 공주가 공양을 바쳐야 했던 인물, 즉 공주의 아버지인 성왕의 원찰이었을 가능성을 제기할 수 있다.[99] 성왕은 백제 역사에 있어 사비 천도를 단행하고 백제의 중흥을 이끌었지만, 나제동맹의 분열과 신라와의 전쟁 가운데 비참한 죽음을 맞게 된다. 실제 능산리 고분군 중 중하총을 성왕의 능으로 보는 견해가 있는데, 성왕의 딸인 공주가 아버지의 명복을 빌기 위해 사리를 봉안했을 가능성이 있다는 점에서 능산리사지와 창왕명석조사리감에 담긴 의미는 결코 작지 않다.

98 『삼국유사』 권2, 기이 제2, '만파식적'. "거룩하신 선대부왕인 문무대왕을 위하여 동해 바닷가에 감은사를 창건하였다."

99 국립중앙박물관, 2016, 『세계유산 백제전, 도록』, p. 110

– 정림사지 오층석탑에 새겨진 「대당평백제국비명」

부여 하면 대부분 떠올리는 곳 중 정림사지 오층석탑이 있다. 지금처럼 정림사지 오층석탑이 널리 알려진 것은 유홍준이 쓴 『나의 문화유산답사기』가 큰 영향을 미쳤다. 유홍준은 정림사지 오층석탑에 대해 석탑의 체감률과 비례, 탑신부에서 고운 인상을 받았다고 평했다. 즉 백제 문화의 정신이라고 할 수 있는 검이불루 화이불치(儉而不陋 華而不侈)의 정신을 그대로 구현한 탑으로, 어디 흠 하나 잡을 것이 없다고 찬사를 보내고 있는 것이다.[100] 물론 이러한 평가에 전적으로 동의하며, 옛 사비의 흔적을 말없이 지키고 있는 정림사지 오층석탑은 그 자체로 깊은 울림을 준다.

『삼국유사』의 기록을 보면 백제에 불교가 전래된 것은 침류왕 때인 384년으로, 서역의 승려 마라난타에 의해 전래된 것으로 전해진다. 이와 함께 한산주(漢山州)에 절을 창건했다는 기록이 있어, 오랜 불교의 역사를 보여주고 있다.[101] 그럼에도 현재 남아있는 백제의 탑은 정림사지 오층석탑을 비롯해 익산 미륵사지 석탑 등 단 2기 뿐이다. 분명 불교가 전래된 이후 백제가 멸망하기까지 꽤 많은 시간이 흘렀는데, 탑이 2기밖에 남지 않은 이유는 이 시

---

100 유홍준, 2011, 『나의 문화유산답사기 3: 말하지 않는 것과의 대화』, 창비, p. 263
101 『삼국유사』 권3, 흥법3, '난타가 백제에 처음으로 불교를 열다.'

| 부여 정림사지 오층석탑 |

기 백제의 탑이 대부분 목탑으로 제작된 것과 무관하지 않다. 따라서 백제 시기의 탑을 조명하는 데 있어 정림사지 오층석탑은 하나의 기준점이 된다는 점에서 중요한 의미를 가진다.

백제 멸망의 흔적을 담고 있는 정림사지 오층석탑

이처럼 석탑 그 자체로 충분히 국보의 가치를 지니고 있는 정림사지 오층석탑이지만, 백제 멸망이라는 측면에서 더 주목을 받고 있다. 바로 정림사지 오층석탑의 1층 탑신에 새겨진 「대당평백제국비명(大唐平百濟國碑銘)」 때문이다. 「대당평백제국비명」이란 백제를 멸망시킨 당나라의 신구도행군대총관(神丘道行軍大摠管) 소정방이 백제를 멸망시킨 자신들의 공적을 새긴 내용으로, 이를 정림사지 오층석탑에 새겼다는 점에서 서울 삼전도비와 묘하게 닮아 있다. 한편 『신증동국여지승람』을 보면 소정방의 비가 현의 서쪽 2리에 있고, 백제를 멸망시킨 뒤 비를 세웠다고 적고 있다. 분명 정림사지 오층석탑이 가지는 미학적인 측면이나 예술성은 높은 평가를 받고 있지만, 역설적이게도 백제 멸망의 치욕적인 기록을 담고 있다는 점에서 그 의미가 남다르다.

「대당평백제국비명」은 크게 나당 연합군에 참전했던 장수들의 직함과 이름, 당시 백제의 인구 수, 정벌 과정 등을 적고 있는데, 당나라가 5도독부를 설치할 당시 37주 250현을 두었으며,[102] 인구의 경우 24만호, 620만으로 기록하고 있다.[103] 특히 비명에서 주

| 정림사지 오층석탑에 새겨진 「대당평백제국비명」(좌), 「대당평백제국비명」과 유사한 서울 삼전도비(우) | 정식 이름은 「대청황제공덕비」로 병자호란과 삼전도의 굴욕을 상징하는 문화재다.

목해볼 인물이 나당 연합군의 부대총관이자 좌령군장군 김인문 (629~694)이다. 김인문은 무열왕의 아들이자 문무왕의 동생으로 「대당평백제국비명」에 유일하게 등장하는 신라인이다. 특히 김인문이 신라와 당나라 사이의 막후에서 외교적인 부분을 조율했던 인물이라는 점에서 나당 연합군에 의한 백제 침공은 오래전부터 계획되었다는 것을 단적으로 보여준다.

---

102 『삼국사기』 권28, 의자왕 20년조에는 백제가 본래 5부 37군 200성이라고 했다. 원문은 다음과 같다. "國本有五部 三十七郡 二百城 七十六萬戸 至是"

103 『신당서』와 『삼국사기』 76만 호, 「대당평백제국비명」 26만 호, 『삼국유사』 15만 2,300호.

「대당평백제국비명」은 일종의 기공비라고 할 수 있는데, 기공비(紀功碑)는 전쟁의 경과와 공적 등을 기록해 후세에 전하는 목적을 가지고 있다. 그렇기에 보통의 경우 기공비는 비석의 규격에 맞추어 세우는 것이 일반적으로, 동시대에 만들어진 유인원 기공비가 대표적이다. 이러한 관점에서 보면 백제를 멸망시킨 뒤 소정방이 공적에 맞는 기공비를 세워야 정상인데, 어찌 된 일인지 기공비를 대신

| **당 유인원 기공비** | 정림사지 오층석탑과 달리 비석의 형태로 기공비를 세웠다.

해 정림사지 오층석탑에 「대당평백제국비명」을 새겼다. 그뿐 아니라 이러한 비명은 '부여 석조'에도 새겼는데, 석조란 물을 받아두는 일종의 돌그릇으로 방화수나 관상용 등의 목적으로 사용되었다.

그렇다면 소정방은 왜 정림사지 오층석탑과 부여 석조에 「대당평백제국비명」을 새겼던 것일까? 이를 이해하기 위해서는 「대당평백제국비명」이 언제 새겨졌는지가 중요한데, 비명에는 고종 현경

| 부여 석조 | 소정방은 정림사지 오층석탑과 함께 부여 석조에도 비명을 새겼다.

5년(=660년) 8월 15일에 작성했다고 적고 있다.[104] 이는 의자왕이 항복한 뒤 얼마 지나지 않은 시점에 새겨진 것으로, 상징적인 장소라고 할 수 있는 정림사지 오층석탑에 비명을 새긴 행위는 다분히 의도적인 것으로 볼 수 있다.[105] 반면 상징적인 의미가 없는 부여 석조에 비명을 새긴 것을 보면 제대로 된 기공비를 만들 환경이 되지 않아 급하게 새긴 것이라고 보는 견해도 있다. 당시 나당 연합군이 점령한 곳은 사비와 웅진 등의 일부에 지나지 않았다. 따라서 점령되지 않은 백제의 지역을 중심으로 백제부흥군이 활약하게 된다는 점에서 이 같은 추론이 가능해진다. 이처럼 「대당평백제국비명」은 백제 멸망이라는 사건과 『삼국사기』, 『구당서』, 『신당서』 등의 기록을 보완해주는 의미에서 중요한 자료라고 할 수 있다.

---

104 원문은 다음과 같다. "顯慶五年歲在庚申八月己巳朔十五日癸未建"
105 국립중앙박물관, 2016, 『세계유산 백제전, 도록』, p. 109

| **모형으로 본 정림사지 오층석탑** | 백제인들에게 상징적인 의미를 담고 있는 이 탑에 「대당평백제국비명」을 새긴 소정방의 행위는 분명 백제인의 가슴에 대못을 박는 행위였을 것이다.

천정대

- 삼국유사 속 역사의 현장! 천정대와 호암사지

예전 인기리에 방영된 〈선덕여왕〉을 보면 신하들이 의사 결정을 진행하는 화백회의(和白會議) 장면이 나온 적이 있다. 화백회의는 지금의 국무총리 격인 상대등의 주관 아래 국가의 중요한 일을 처리하는데, 재미있는 점은 만장일치를 기본으로 했다는 점이다. 따라서 만장일치가 되지 않을 경우 만장일치가 될 때까지 회의를 진행했고, 이러한 회의의 결과는 왕도 거부하기 어려웠다. 그런데 신라의 화백회의처럼 백제에는 정사암회의(政事巖會議), 고구려에는 제가회의(諸加會議)가 있었다. 이를 통해 삼국 모두 신하들의 의사결정체가 있었다는 사실과 함께 당시 왕이라고 해서 무소불위의 전제 권력을 휘두른 건 아니라는 사실을 알 수 있다.

정사암 회의의 흔적을 엿볼 수 있는 천정대와 호암사지

부여를 찾게 되면 종종 방문하는 장소 중 천정대(天政臺)가 있다. 천정대는 앞서 소개한 정사암 회의가 열린 장소로 『삼국유사』에 기록이 남아 있다.

> "호암사에 정사암이 있었는데, 나라에서 재상감을 의논할 때면 뽑힐 만한 사람 서너 명의 이름을 써서 상자 속에 넣고 봉해서 이 바위 위에 올려놓았다. 그리고 잠시 뒤에 상자를 가져다 열어보고 그 이름 위에 인(印)이 찍힌 흔적이 있는 사람이 재상이 되었다"[106]
>
> — 『삼국유사』 남부여, 전백제, 북부여 중

정사암 회의는 신하들의 수장인 재상, 지금으로 치면 국무총리를 뽑는 회의다. 『삼국유사』에는 재상을 뽑는 방식이 나오는데, 정사암 바위에 후보의 이름을 적어 넣은 상자를 올려두고 도장이

---

106 『삼국유사』권2, 기이2, '남부여, 전백제, 북부여'

| 백제 정사암 회의가 열린 천정대 |

| 천정대와 백마강 | 멀리 백제보의 모습도 보인다.

| 지금은 논으로 변해 흔적을 찾을 길이 없는 호암사지(상), 호암사지에서 바라본 천정대 (하) |

찍힌 후보를 재상으로 뽑는 방식이다. 자신들의 대표자를 직접 뽑았다는 점에서 정사암 회의는 당시 귀족 세력들의 힘이 강했음을 보여주는 사례라고 할 수 있다.

낙화암과 의자왕단

– 백제 멸망의 상징, 삼천궁녀는 사실일까?[107]

지금은 부여라는 이름이 더 익숙한 옛 백제의 고도 사비, 여러 번 수도를 옮겼던 백제의 역사에서 이 시기는 사비백제로 불리고 있다. 정림사지 오층석탑을 비롯해 궁남지와 부여 나성, 관북리 유적과 부소산성 등 다양한 백제의 문화재를 만날 수 있다. 이 가운데 백제의 왕릉으로 여겨지는 능산리 고분군에는 백제의 마지막 왕인 의자왕(재위 641~660)과 그의 아들 부여융(615~682)의 가묘가 자리하고 있는데, 이곳의 정식 명칭은 의자왕단이다. 백제 멸망 뒤 중국으로 끌려간 의자왕이 세상을 떠나면서 허난성 뤄양시(=낙양시)에 있는 북망산에 묻히게 된다. 이후 북망산의 흙을 가져와 혼을 옮겨오는 의식을 치르고 조성한 곳이 바로 의자왕단이다.

그간 의자왕에 대해, 백제의 마지막 왕이라는 측면과 낙화암으로 상징되는 삼천궁녀의 이미지로 주색에 빠진 암군으로 인식되었으며, 이는 의자왕과 백제에 대한 부정적인 영향을 끼치게 된

---

107 이 글은 『논객닷컴』 2018년 6월 18일자, '백제 멸망의 상징, 삼천궁녀가 정말 있었을 까?'에 게재한 글을 정리한 것임.

| 부여 능산리 고분군에 자리한 의자왕단 |

다. 대표적인 예가 『삼국사기』에 드러난 백제에 대한 인식으로, 김부식은 백제에 대해 도리에 어긋나는 행동과 대국(=唐)에 죄를 지었다는 이유를 들어 백제의 패망을 당연하다고 인식했다.

물론 멸망한 나라의 왕이었기 때문에 그 책임이 없다고 말할 수 없고, 백제 멸망의 일차적인 책임은 의자왕에게 있다는 점은 분명하다. 문제는 그 책임의 방식이 삼천궁녀와 같은 있지도 않은 허위 사실로 의자왕을 평가하는 게 맞는지 여부다. 『삼국사기』를 보면 의자왕을 해동증자로 표현하는데, 이는 의자왕이 효심과 우애

| 1 백마강에서 바라본 낙화암, 2 낙화암에서 바라본 백마강의 모습 |
| 고란사 | 3 삼천궁녀를 위로하기 위해 만들어진 사찰로 전해진다. 4 고란사의 벽에 삼천궁녀가 그려진 벽화가 남아 있다.

가 깊어 불렸던 이름이다. 또한 의자왕 때 백제의 영토 확장 역시 두드러지는데, 미후성을 비롯한 40여 성을 비롯해 신라의 전략적 요충지라고 할 수 있는 대야성을 함락시키는 등 기록 속 의자왕의 모습은 우리가 일반적으로 알고 있는 모습과는 다르다.[108]

| 조룡대의 전경 | 이 바위에 대한 전설은 『삼국유사』를 비롯해 『신증동국여지승람』에 등
장하고 있다. 그 내용은 사비하의 바위에 소정방이 어룡을 낚았던 장소가 있다고 했으며,
이를 용암이라 불렀다고 한다. 『신증동국여지승람』에는 소정방이 사비성을 함락시킨 뒤,
사비하에서 이상 기후를 보여 병선이 침몰하는 일들이 벌어졌다. 이 일이 사비하에 있는
용의 분노 때문이라는 관리의 말에 따라 용을 낚기로 하고, 백마를 미끼로 용을 잡았다 해
서 조룡대라 불리게 된다. 이후 백마를 미끼로 썼다고 해서 백마강이라 불렀다고 전한다.

| **경주 무열왕릉** | 의자왕의 파상적인 공세에 신라는 다급히 김춘추를 고구려와 왜, 당나라로 보내게 된다. 훗날 김춘추가 신라의 왕이 되니 이가 무열왕이다.

　이 때문에 백제의 멸망을 두고 다양한 해석들이 있어 왔는데, 그 중 정치권력의 이동을 중심으로 해석하는 경향이 있어왔다. 『삼국사기』를 보면 의자왕의 재위 후반부에 들어서면 지나친 토목공사와 이상 현상을 보여주고 있는데, 657년 의자왕이 서자 41명을 좌평으로 삼았다는 기록과 660년 사비하의 물이 핏빛처럼 붉어졌다는 기록 등은 왕권 강화와 함께 백제 내부에서 어떤 정변이 일어났음을 추정하게 하는 대목이다.

108　『삼국사기』 권28, 의자왕 2년조

| 능산리 고분군에 자리한 부여융의 가묘 |

또한 최초 기록에 등장한 백제의 태자는 부여융이지만, 백제가 멸망할 때는 부여효(扶餘孝)로 바뀐 점은 권력을 두고 백제의 내부에 갈등이 있었음을 보여주고 있다. 『일본서기』와 「대당평백제국비명」 등에 남겨진 내용을 종합해보면, 백제의 멸망과 관련한 시각은 스스로 망했다는 인식과 주색과 폭정이 있었다는 내용이 등장하고 있다. 그리고 이를 상징하는 인물이 바로 은고 혹은 요부로 불리는 여인이다. 위의 두 기록 모두 여인이 백제 멸망의 화를 자초했다고 하고 있어, 당시 백제의 내부에 혼란이 있었음을 보여주는 간접 증거가 된다.

흔히 백제의 멸망을 660년으로 보고 있는데, 이는 의자왕의 항복을 백제의 마지막으로 본 견해다. 반면 의자왕이 항복했을 당시 사비와 웅진 등 일부만 함락당했을 뿐, 나머지 지방은 건재했기에 백제 부흥 운동이 확산될 수 있었다. 따라서 복신과 도침의 활약 속에 왜에 있던 의자왕의 아들 부여풍을 왕으로 옹립, 백제의 역사는 지속될 수 있었다. 때문에 663년 백강구 전투를 끝으로 백제부흥군이 소멸한 시기를 백제의 멸망으로 보기도 하는데, 안정복의『동사강목』에서도 이 같은 인식을 엿볼 수 있다. 이 경우 백제의 마지막 왕은 자연스럽게 의자왕이 아닌 풍왕이 되는 셈이다.

한편『신당서』를 보면 옛 백제의 지역에 웅진, 마한, 동명, 금연, 덕연 등의 5도독부가 설치되었는데, 이 가운데 웅진도독부의 수장으로 파견된 인물이 의자왕의 아들인 부여융이다. 665년 공주에 위치한 취리산에서는 당나라 유인궤와 신라 문무왕, 웅진도독 부여융이 서로 친하게 지내자는 의미의 취리산 회맹을 맺게 된다. 하지만 취리산 회맹은 지켜지지 않은 약속이 되었고, 이후 나당전쟁을 거치며 웅진도독부가 해체되자 당나라는 요동 지방의 건안고성으로 백제인들을 이주시켰다. 이른바 소백제의 출현이다.

재건된 백제는 당으로부터 대방군왕의 지위를 부여 받았는데, 이처럼 당나라가 백제를 부활시킨 이유는 전형적인 이이제이(以夷制夷), 오랑캐를 오랑캐로 제압한다는 의미다. 이렇게 보면 백제

| **능산리 고분군** | 언제가 중국에서 의자왕의 묘가 확인이 된다면 그때는 온전히 의자왕의 혼을 모셔올 수 있기를 바라본다.

의 멸망은 크게 기존의 설인 660년과 백제부흥군의 소멸인 663년 설로 구분이 된다. 여기에 부여융을 수반으로 하는 웅진도독부 시기(660~672)와 요동의 건안고성을 중심으로 재건된 소백제역시 백제의 역사로 넓게 볼 필요가 있다는 견해는 주목해볼 만하다.[109]

이처럼 능산리 고분군에 조성된 의자왕단은 그 외형이 초라하고 볼품이 없지만, 이곳에 담긴 역사적인 의미는 결코 작지 않다. 현재까지 북망산에 있다고 알려진 의자왕의 능은 발견이 되지

---

109   이도학, 2010, 『백제 사비성 시대 연구』, 일지사, p. 434~435

않았다. 『신당서』에 따르면 의자왕은 오나라의 마지막 황제 손호(242~280)와 진나라의 마지막 군주 진숙보(553~604)와 나란히 묻힌 것으로 기록하고 있다. 위의 둘은 나라를 망친 암군이었으니, 의자왕은 죽어서도 그렇게 모욕을 당했던 것이다. 이처럼 삼천궁녀에 대한 이야기는 바로잡을 필요가 있으며, 이러한 과정을 통해 의자왕과 백제 멸망에 대한 재평가가 이루어지기를 기대해본다.

취리산 회맹을 두고 벌어진 동상이몽(同床異夢)

백제가 멸망한 이후 옛 백제의 땅에서는 무왕의 조카인 복신(福信)과 승려 도침(道琛)이 주류성(周留城)을 거점으로 삼고, 왜에 있던 왕자 부여풍(扶餘豊)을 데려와 백제부흥군을 조직했다. 하지만 백제부흥군은 내분과 함께 663년 백강구 전투의 패배로 소멸하게 된다. 이렇듯 백제부흥군에 대한 진압이 마무리될 즈음, 신라와 당나라 간 묘한 불협화음이 생기기 시작했다. 이는 나당동맹이 맺어질 당시 신라와 당나라가 했던 약속에서 출발한다. 약속은 고구려와 백제를 멸망시킨 뒤 평양 이남은 신라에게 귀속한다는 것으로,[110] 당시 당으로서는 고구려를, 신라는 백제를 견제해야 했기에 전략적인 이해관계가 맞아 떨어진 동맹이었다. 하지만 백제가 멸망한 뒤 당나라는 입장을 바꿔, 신라와의 약속을 무시한 채 옛 백제의 땅에 웅진도독부를 비롯한 5도독부를 설치하고, 웅

110 『삼국사기』 권7, 문무왕 11년. "〈중략〉…내가 두 나라를 평정하면, 평양(平壤) 이남의 백제 토지는 모두 너희 신라에게 주어 영원토록 평안하게 하리라."

| 문무왕릉의 전경 |

진도독으로 의자왕의 아들인 부여융을 임명했다. 신라의 입장에서 보자면 기껏 백제를 멸망시켰더니 새로운 백제가 출현한 것과 다름없는 재앙이었다.

　더 나아가 665년 당나라는 유인궤(劉人軌)를 파견해 웅진도독부의 수장인 부여융과 신라의 문무왕을 웅진에 위치한 취리산(就利山)으로 모이게 했다. 이는 당나라가 회맹을 주도해 서로 잘 지내 보자는 일종의 화친을 주선하는 자리로, 우리 역사에서는 취리산 회맹으로 불리고 있다. 『삼국사기』를 보면 취리산 회맹과 관련한 내용이 자세히 나오는데, 크게 ▶ 부여융을 웅진도독으로 삼아 옛 땅을 보존하고 조상의 제사를 지내도록 조치한 점 ▶ 신라에는 지난날의 묵은 감정을 풀고, 부여융과 화친할 것을 주문한 점 ▶ 서로 친하게 잘 지내면서 당의 번국으로 복종할 것을 이야기하는 내용이다. 즉 당나라는 신라에 주기로 한 백제 지역을 포기할 의사가 없다는 선언인 동시에 웅진도독부로 대표되는 부여융의 존재를 인정할 것을 문무왕에게 동의하라는 요구와 다름이 없었다. 이때 문무왕의 심정은 굴욕 그 이상이었다고 볼 수 있다. 단순히 당나라가 약속을 지키지 않은 것도 문제였지만, 문무왕의 상대였던 부여융은 백제 멸망 당시 문무왕이 직접 부여융의 얼굴에 침을 뱉고 모욕을 준 상대였던 것이다.[111] 하지만 취리산 회맹은 정상적으로 진행되었고, 백마의 피로 입술을 바른 뒤 제단 북쪽에 제물을 묻고 회맹을 기록한 문서는 신라 종묘에 보관하게 된다.[112]

어떻게 보면 당나라의 강요나 다름이 없었던 취리산 회맹은 이후 지켜지지 않은 약속으로 남게 된다. 회맹의 당사자인 유인궤와 부여융은 이내 당나라로 돌아가고, 문무왕은 당나라를 몰아내지 않고는 신라의 안전이 위태롭다는 사실을 깨닫게 된다. 물론 이때까지는 공동의 적인 고구려가 있는 상태였기에 표면적으로

---

111 『삼국사기』 권5, 태종왕 7년, "법민이 부여융의 얼굴에 침을 뱉으며 예전에 너의 아비가 억울하게 나의 누이를 죽여 옥중에 파묻었던 일이… 〈중략〉"

112 『삼국사기』 권6, 문무왕 5년조

| 제라회맹단지 | 665년 당나라의 유인궤와 웅진도독부의 수장 부여융, 신라 문무왕은 웅진의 취리산으로 모여 회맹의 의식을 가졌다.

| 치미산에서 바라본 공주 | 왼쪽으로 공산성과 오른쪽으로 정지산 유적을 조망할 수 있다.

신라와 당나라의 관계는 이상이 없어 보였다. 그러다 668년 고구려가 멸망하면서 상황이 반전된다. 이때 당나라는 신라마저 삼키려는 야욕을 숨기지 않음에 따라 한반도에서 당나라를 축출하기 위한 나당전쟁(羅唐戰爭)의 서막이 열리게 된 것이다. 이처럼 취리산 회맹은 백제 멸망부터 나당전쟁에 이르는 기간의 역사적 흔적을 담고 있다는 점에서 주목해볼 사건이다. 현재 취리산 회맹이 있었던 위치에 대해 크게 연미산(燕尾山)이라는 주장과 공주생명과학고등학교 인근의 치미산으로 보는 견해가 있다.

04 또 하나의 백제, 익산

마룡지와 익산토성, 쌍릉, 미륵사지

– 〈서동요〉 설화를 간직한 익산, 무왕이 들려주는 역사의 흔적

일반적으로 백제를 구분할 때 도읍지를 기준으로 구분하는데, 이 경우 한성백제, 웅진백제, 사비백제 등으로 구분할 수 있다. 대개 백제의 마지막 도읍이라고 하면 사비로 인식하는 것이 일반적인 상식이다. 그런데 사비에서 익산으로 천도했을 가능성이 제기되고 있어 눈길을 끈다. 이는 오늘날 『고도보존에 관한 특별법』을 보면 알 수 있다. 해당 특별법에서 경주와 공주, 부여 등과 함께 익산이 포함되어 있다. 이처럼 사비 시기의 백제에서 익산이 가지는 위상은 특별했던 것으로 보인다.

익산이 수도였을 가능성은 『관세음응험기(觀世音應驗記)』를 통해 알 수 있는데, 현재 일본 교토의 청련원에 있는 『관세음응험기』는 7세기 중국 남북조 시대에 만들어졌다. 『관세음응험기』에 따르면 "백제 무광왕(=무왕)이 지모밀지(=익산)로 천도했다"라는 사실을 전

| 익산 미륵사지 | 금당지에서 바라본 서탑의 모습

하고 있어, 이른바 익산 천도설의 중요한 근거가 되고 있다.[113] 또
한 발굴 조사를 통해 왕궁리 유적이 왕궁에서 사찰로 성격이 변
화했고, 왕궁리 유적에서 출토된 와적기단이 부여 관북리 유적과
정림사지 등에서도 확인된다는 점은 중요한 의미를 가진다.

한편 왕궁리 유적의 출토 유물 가운데 수부명 기와가 있는데,

---

113 『관세음응험기』. 원문은 다음과 같다. "百濟武廣王 遷都枳慕蜜地 新營精舍"

| 왕궁리 유적에서 출토된 수부(首府)명 기와 |

수부(首府)는 수도 혹은 서울의 의미로 사용이 된다는 점에서 최소한 익산이 수도였거나, 수도에 버금가는 지위에 있었다는 사실을 유추할 수 있다. 물론 이러한 도장 기와 하나로 익산 천도설의 당위성을 설명하기는 어렵지만 인근의 왕궁리 유적과 제석사지,

미륵사지와 익산 쌍릉 등의 다양한 흔적이 보인다는 점은 주목해 볼 지점이다.

무왕의 출생지 마룡지, 무왕의 아버지는 누구인가?

이러한 익산 천도설의 핵심 인물이자, 익산에 자리한 백제 문화 유적을 관통하는 인물이 있는데, 바로 무왕(재위 600~641)이다. 흔히 무왕이라고 하면 〈서동요〉의 주인공으로 잘 알려져 있는데, 『삼국유사』를 보면 무왕의 탄생 설화가 전해진다. 해당 설화의 내용을 보면 무왕의 어머니가 과부였다는 사실과 수도 남쪽의 연못가에 집을 짓고 살다가 연못의 용과 정을 통해 낳은 아들이 무왕이라고 했다.[114] 이러한 설화 속에 등장하는 연못이 바로 마룡지(馬

---

114 『삼국유사』 권2, 기이2, '무왕'

| **마룡지** | 무왕의 출생지로 알려진 곳이다.

龍池, 현 연동제)로 전해지는데, 그 위치와 관련해 『신증동국여지승
람』은 "오금사 남쪽 백여 보 되는 자리에 있다"라고 했다. 지금의
서동 생가 터가 위치하고 있는 곳으로, 설화의 내용 자체는 과장
이 있어 이를 그대로 믿기는 어렵지만, 설화 속에 담긴 내용과 의
미를 통해 몇 가지 사실을 유추할 수 있다.

우선 무왕의 신분을 생각해볼 수 있는데, 설화 속에 등장하는
용이 왕을 상징하는 것으로 이해하면, 무왕이 왕실의 피를 이었

| **경주 효공왕릉** | 서자 출신으로 왕위에 오른 과정을 보면 무왕의 사례와 유사한 면을 보인다.

다는 사실은 알 수 있다. 그런데 문제는 어머니의 신분으로, 설화 속에서 과부로 표현되듯 그 신분이 낮았음을 알 수 있다. 즉 무왕은 왕의 아들이지만, 서자의 신분이었을 가능성이 있는데, 훗날 법왕(재위 599~600)이 세상을 떠난 뒤 왕위를 이을 혈통이 남아있지 않은 상태에서 그제야 무왕에 대해 주목했던 것으로 여겨진다.[115] 이는 신라 효공왕(재위 897~912)의 사례와 유사한데, 효공왕은 헌강왕(재위 875~886)의 서자였다. 당시만 해도 신라 사회는 형제간의 왕위 계승이 합법적으로 이루어지고 있었기에, 서

---

[115]　이도학, 2010, 앞의 책, p. 97~98

자의 신분인 효공왕은 애초 왕위 계승의 유력한 후보는 아니었다. 그러다 헌강왕의 동생인 정강왕(재위 886~887)과 진성여왕(재위 887~897)이 연이어 왕위에 올랐지만 후사를 얻지 못한 상황에서, 진성여왕은 헌강왕의 서자인 김요(=효공왕)를 태자로 세운 것이다.

그렇다면 무왕의 아버지는 누구일까? 이와 관련해 기록에 나타난 무왕의 아버지를 살펴보면 『북사』는 위덕왕의 아들이라고 말하는 반면 『삼국사기』는 법왕의 아들이라고 밝히고 있다. 그런데 『북사』의 경우 무왕이 위덕왕의 아들이라고 했지만, 정작 무왕 이전의 왕인 혜왕(재위 598~599)과 법왕의 존재를 빼놓는 등 기록의 신빙성은 떨어진다.[116] 따라서 『삼국사기』의 기록처럼 무왕을 법왕의 아들이라고 보는 것이 자연스럽고 합리적인 견해라고 할 수 있다. 한편 『삼국유사』를 보면 일연은 무왕이 법왕의 아들이라고 했는데, 설화에서는 과부의 아들이라고 한다며 이해할 수 없다는 기록을 남기기도 했다.[117]

무왕과 선화공주의 사랑이야기 〈서동요〉

『삼국유사』에 등장하는 무왕은 어린 시절 서동(薯童)으로 불린다. 서(薯)는 감자 혹은 마를 상징하는 단어로, 어린 시절 무왕이 마를 캐서 생활했다 해서 서동이란 이름으로 불리게 된 것이

116 『북사』 백제전, "여창이 죽자 여장이 즉위했다"
117 『삼국유사』 권2, 기이2, '무왕'

| 마룡지에서 바라본 오금산 | 서동이 마를 캐던 곳이다.

다. 지금이야 마는 약용 작물의 하나로 인식되지만, 당시 먹거리가 풍족하지 않았던 시절이라는 점을 감안하면 백성들에게 좋은 음식 재료였다고 할 수 있다. 때문에 익산과 마는 서로 떼려야 뗄 수가 없는 관계로, 지금도 마의 주요 생산지로 알려져 있다. 또한 마를 활용한 여러 음식들을 만날 수 있다는 점에서 『삼국유사』 속 설화의 한 장면을 그대로 만날 수 있는 것이다.

보통 무왕을 떠올릴 때 가장 먼저 생각하게 되는 것 중 〈서동요〉가 있다. 〈서동요〉는 교과서에도 실릴 만큼 널리 알려져 있는데, 『삼국유사』에 수록된 향가 중 하나다. 이야기는 신라 진평왕

때로 거슬러 가는데, 진평왕의 셋째 딸인 선화공주가 아름답다는 소문을 듣고 서동은 서라벌(徐羅伐)로 가게 된다. 이때 서동은 아이들에게 마를 나누어 주며 노래를 퍼뜨리게 했는데, 이 노래가 바로 〈서동요〉다.

"선화공주님은(善花公主主隱)
남 몰래 사귀어 두고(他密只嫁良置古)
서동(=맛동) 서방을(薯童房乙)
밤에 몰래 안고 간다(夜矣卯乙抱遣去如)"[118]

— 『삼국유사』 무왕조에 등장하는 〈서동요〉

조금만 생각해보면 헛소문임이 분명하지만 소문이 소문을 낳는 법, 결국 이 같은 소문은 궁궐까지 퍼지게 된다. 결국 이 일로 선화공주는 유배를 가게 되고, 유배지로 향하던 선화공주 앞에 서동이 등장해 서로 정을 통하고 백제로 오게 되었다는 것이 설화의 내용이다. 즉 ▶ 마를 캐서 생활했던 서동이 아이들의 환심을 사기 위해 마를 나누어 준 점 ▶ 〈서동요〉를 통해 선화공주를 아내로 맞이한 점 ▶ 선화공주가 유배지로 떠나기 전 왕후가 순금 한 말을 여비로 준 점 등은 이야기의 전개상 복선의 의미를 내포한다는 점에서 재미있는 구조라고 할 수 있다.

---

118 『삼국유사』 권2, 기이2, '무왕'

| **익산토성** | 보덕국의 치소로 추정되는 곳이다.

서동이 마를 캐던 장소, 오금산과 익산토성

한편 서동이 마를 캐던 장소와 관련해『금마지』와『신증동국여지승람』등을 종합해보면 오금산(五金山)이라는 것을 알 수 있는데, 오금산은 마를 캐던 서동이 금을 발견했다는 데서 붙여진 이름이다. 또한『삼국유사』를 보면 "어려서부터 마를 캐던 장소에 황금이 쌓여있다"라는 기록을 통해 서동이 오금산 일대에서 마를 캐고 생활했음을 알 수 있다.[119]

---

119 「삼국유사」권2, 기이2, '무왕'

한편 오금산은 또 다른 의미에서 역사의 흔적을 남기고 있는데, 바로 보덕국(報德國)의 치소로 추정되고 있다는 점이다. 보덕국은 나당전쟁 중인 674년에 세워진 일종의 괴뢰국으로, 신라는 멸망한 고구려의 왕족인 안승을 보덕국의 왕으로 책봉한 뒤 금마저에 땅을 주어 살게 했다. 이 금마저가 바로 지금의 익산으로, 『신증동국여지승람』에는 보덕성(報德城)으로 소개되고 있다.[120]

〈서동요〉의 결정판, 익산 미륵사지의 창건

필자가 익산을 떠올릴 때 가장 먼저 생각이 나는 건 미륵사지다. 역사에 대해 잘 모르는 사람도 미륵사지에 대해서는 한 번쯤 들어봤을 정도로 익숙한 이름으로, 이 같은 익숙함의 정체는 바로 미륵사지에 세워진 탑 때문이다. 정식 명칭은 익산 미륵사지 석탑으로, 백제의 석탑 가운데 부여 정림사지 오층석탑과 더불어 단 2기만 남아 있을 만큼 그 역사적 가치는 크다. 또한 미륵사지 석탑은 목탑에서 석탑으로 변해가는 과정을 볼 수 있기 때문에 탑의 변화라는 관점에서도 중요한 자료라고 할 수 있다. 특히 미륵사지의 가람 배치는 기존의 백제 사찰에서는 볼 수 없는 특이한 구조로, 3탑 3금당 형식을 보이고 있다. 보통 백제의 사찰에서 나타나는 가람 배치는 1탑 1금당이 대표적인데, 앞서 살펴본 부여 정림사지나 익산 제석사지 등이 대표적이다. 그만큼 익산 미륵사

---

120 『신증동국여지승람』 권33, 익산군. "군의 서쪽 1리에 있고, 유지만 남았을 뿐이다."

| 배면에서 바라본 익산 미륵사지 | 3탑 3금당의 가람 배치를 보이고 있다.

지가 얼마나 큰 규모로 세워졌는지 알 수 있는 대목이다.

　이러한 미륵사의 창건은 『삼국유사』에 관련 내용을 전하고 있는
데, 요지는 무왕과 선화공주가 사자사로 행차하던 중 용화산 아
래 큰 연못에서 미륵삼존(彌勒三尊)이 출현하자 이에 선화공주의
요청으로 지은 사찰인 것을 알 수 있다.[121] 즉 규모와 위상을 생각
했을 때 백제의 대표적인 사찰로서 그 위상이 남달랐지만, 백제
가 멸망하고 난 뒤에는 퇴락을 거듭했다. 일제강점기 당시 찍은

121　『삼국유사』 권2, 기이2, '무왕'

| 익산 미륵사지 석탑의 전경 |

사진을 보면 동탑은 이미 흔적도 없이 사라졌고, 서탑은 금방이라도 무너질 듯 위태로운 모습이었다. 또한 미륵사지 석탑의 높이는 9층으로 추정되지만, 이때 남아 있는 부분은 6층이었다. 당시 더 이상의 훼손을 막기 위해 시멘트로 보수를 하면서, 해체 이전 우리가 기억하는 미륵사지 석탑의 모습이 만들어졌다. 그런데 서탑에 대한 해체, 복원 과정 중 출토된 「금제사리봉영기」는 미륵사의 창건과 관련해 전혀 다른 이야기를 들려주고 있는 것이다.

「금제사리봉영기」가 들려주는 이야기

「금제사리봉영기」의 발견은 누구도 예상하지 못한 것이었다. 지난 2009년 서탑에 대한 해체 공사가 진행되던 중 1층 심주석의 윗면 중앙 사리공에서 사리구와 함께 「금제사리봉영기」가 발견이 되었다. 「금제사리봉영기」는 크게 앞면과 뒷면으로 총 193자가 새겨져 있으며, 글씨를 새긴 뒤 붉은색 주칠을 한 것이 특징이다. 『삼국유사』를 보면 미륵사의 창건은 선화공주의 요청에 의한 것임을 알 수 있는데, 「금제사리봉영기」는 기존의 통설을 깨뜨렸다는 점에서 의미가 남다르다.

"<중략>… 우리 백제 왕후 좌평 사택적덕의 딸로서 오랜 세월 동안 선인을 심으시어 금생에 뛰어난 과보를 받으셨다. 만인을 어루만져 기르시고 삼보의 동량이 되셨다. 때문에 삼가 깨끗한 재물을 희사하여

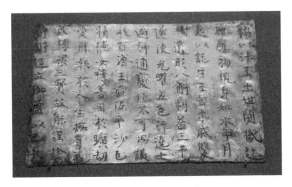

| 미륵사지 석탑에서 출토된 「금제사리봉영기」 |

가람을 세우고, 기해년 정월 29일에 사리를 받들어 맞이하셨다"[122]

— 「금제사리봉영기」 중

「금제사리봉영기」는 크게 ▶ 석가모니와 사리에 대한 공경 ▶ 기해년 백제 왕비인 사택적덕의 딸이 미륵사를 세우고 사리를 공양한 사실 ▶ 무왕과 왕비 등 왕실의 안녕을 기원하는 내용 등이 적혀있다. 이 가운데 두 번째 문단의 내용이 중요한데, 선화공주가 요청해 세웠다고 알려진 미륵사의 창건 주체가 「금제사리봉영기」에서는 사택적덕의 딸로 등장하고 있다. 또한 백제의 왕후 역시 선화공주가 아닌 사택적덕의 딸인 것을 알 수 있는데, 이를 통해 〈서동요〉와 선화공주의 실체가 의심을 받는 계기가 되었다.

---

122 국립중앙박물관, 2016, 『세계유산 백제전, 도록』 p. 143

한편 「금제사리봉영기」를 통해 미륵사가 언제 창건되었는지 알 수 있는데, 명문에 등장한 기해년(己亥年)을 무왕의 재위 기간과 비교해보면 639년으로 추정할 수 있다. 물론 위의 명문만 가지고 〈서동요〉와 선화공주의 존재 자체를 거짓이라고 말하기는 어렵다. 분명 무왕의 왕비가 한 명이 아닐 가능성이 있다는 점과 미륵사의 가람 배치가 3탑 3금당이라는 점에서 다른 탑에 선화공주가 사리를 공양했을 가능성 역시 배제할 수 없기 때문이다. 그렇지만 「금제사리봉영기」의 발견은 미륵사의 창건 주체가 선화공주라는 기존의 통설을 깨뜨렸다는 점에서 의미가 있다.

백제 무왕의 능일까? 익산 쌍릉

일반적으로 능(陵)은 왕과 왕비, 대비 등의 특수한 신분이 묻히는 고분을 말하는데, 일반적인 묘와는 달리 왕릉이라는 단어 자체가 주는 신비감이 있는 편이다. 보통 백제의 왕릉은 도읍에서 멀지 않은 곳에 조성되는 것이 일반적이다. 대표적으로 '한성백제=석촌동 고분군', '웅진백제=송산리 고분군', '사비백제=능산리 고분군' 등이다. 그런데 이들 지역을 제외한 익산 쌍릉 역시 백제의 왕릉급 고분으로 유력하게 거론이 되고 있어 눈길을 끈다. 외형상 익산 쌍릉은 두 기의 고분이 200m 가량 떨어져 배치되어 있으며, 이러한 두 기의 고분 중 큰 고분은 대왕릉, 작은 고분을 소왕릉으로 부르고 있다.

| 익산 쌍릉 중 대왕릉의 전경 |

| 익산 쌍릉 중 소왕릉의 전경 |

그렇다면 익산 쌍릉은 누구의 능일까? 우선『고려사』를 보면 익산 쌍릉을 후조선의 무강왕과 왕비의 무덤이라고 적고 있는데, 여기서 무강왕(武康王)은 위만에게 나라를 빼앗긴 고조선의 준왕이다.『후한서』동이열전을 보면 준왕은 위만에게 나라를 빼앗기자 수천 명의 무리를 이끌고 바다로 달아났다. 그리고 마한을 공격해 스스로 한왕이 되었다는 사실을 적고 있는데,『고려사』의 기록은 익산 쌍릉이 준왕의 능이라는 사실을 적고 있는 것이다.[123] 또한 미륵사지 뒤로 미륵산(430.2m)이 있는데, 산의 정상 부근에는 미륵산성(=미륵산석성)이 있다. 일설에는 준왕이 쌓았다 해서 '기준성(箕準城)'으로 불리기도 했다.

하지만 익산 쌍릉이 준왕의 능일 가능성은 없다. 이는 익산 쌍릉에 대한 발굴 조사로 더욱 명확해졌는데, 우선 묘제 양식이 백제 후기에서 나타나는 왕릉급의 횡혈식 석실묘(=굴식돌방무덤)라는 점에서 준왕의 능으로 보기에는 우선 연대 자체가 맞지 않다. 또한 1917년 야쓰이 세이치(谷井濟一)의 주도로 익산 쌍릉에 대한 발굴 조사가 진행, 관으로 쓰인 목재 일부와 금동제 유물 등 일부가 출토되었다. 하지만 피장자의 신분을 알려줄 결정적인 유물은 나오지 않았기에 그동안 익산 쌍릉의 피장자에 대해 백제 무왕과 선화공주가 아니겠냐는 막연한 추정만 가능했다. 실제『고려사』를

---

123 『후한서』동이열전. 원문은 다음과 같다. "初 朝鮮王準爲衛滿所破 乃將其餘衆數千人走入海 攻馬韓 破之 自立爲韓王"

보면 민간에서는 익산 쌍릉을 말통대왕릉(末通大王陵)으로 불렀다는 사실을 적고 있어, 이 같은 견해 역시 전승의 관점에서 내려왔음을 알 수 있다.[124]

그러던 중 2017년부터 익산 쌍릉 가운데 대왕릉의 재발굴이 이루어졌다. 그리고 이 과정에서 석실의 내부에서 인골이 수습이 되었는데, 이를 분석한 결과 정강뼈의 방사성탄소 연대는 620~659년으로 나타났다.[125] 즉 7세기 초중반의 어느 시점에 세상을 떠난 인물로, 해당 시기의 백제의 왕을 특정할 때 무왕을 빼놓고는 설명할 길이 없는 것이다. 또한 익산 쌍릉의 석실 구조나 규모, 미륵사지와 왕궁리 유적, 제석사지 등 무왕과 관련한 여러 장소들을 종합적으로 고려했을 때 익산 쌍릉의 피장자는 무왕일 가능성이 높다고 볼 수 있다. 한편 대왕릉의 발굴 조사를 통해 고능산리 고분군보다 긴 무덤길인 묘도(墓道)가 확인된 바 있는데, 고분의 입구에서 석실까지의 길이가 21m에 달해 피장자의 신분이 높았음을 보여준다. 또한 대왕릉의 피장자가 생전 자신의 무덤을 준비한 것으로 추정된다는 점에서 수릉(壽陵)으로 보는 견해 역시 주목해볼 만하다.[126]

---

124 『고려사』지, 전주목 중 금마군, "俗號末通大王陵, 一云, 百濟武王, 小名薯童"

125 국립문화재연구소 2018년 7월 18일자 보도자료, '익산 쌍릉 인골, '백제 무왕' 가능성 높아져'

126 뉴스1, 2018년 12월 20일자, '백제 무왕 추정 익산 쌍릉서 가장 긴 무덤길 확인… 왜 길까'

왕궁리 유적과 제석사지

– 무왕은 익산으로 천도했을까?

익산의 지명 중 유독 눈에 띄는 지명이 있는데, 바로 왕궁리(王宮里)다. 한자에서 보듯 궁궐의 의미를 담고 있다는 점에서 왕궁리의 의미는 남다르다. 『신증동국여지승람』을 보면 "왕궁정(王宮井)이 군의 남쪽 5리에 있다고 했는데, 옛날 궁궐터이다"라고 밝히고 있고, 『금마지』의 고적 항목에는 궁평(宮坪), 왕궁평(王宮坪), 왕궁탑(王宮塔) 등이 등장하고 있다. 특히 왕궁평의 경우 마한 때의 조궁터라는 인식을 가지고 있어, 조선 후기 삼한정통론의 영향을 받은 것으로 추정된다. 이처럼 왕궁리를 표현하는 방식에서는 일부 차이가 있지만, 지금의 왕궁리 유적을 말한다는 점에서는 동일하다고 할 수 있다.

왕궁리 유적, 어느 시기의 왕궁인가?

이처럼 지명과 왕궁리 유적을 통해 익산에 왕궁 혹은 왕궁에 준하는 건물이 있었음은 분명한데, 어느 시기의 것인지에 대해 여러 설들이 제기된 바 있다. 크게 ▶ 삼한정통론에 근거해 왕궁리 유적을 마한의 왕궁으로 보는 설 ▶ 백제 무왕 때 익산으로 천도했다는 설 ▶ 천도를 계획했지만 실행에 옮기지 못했다는 설, 혹은 양경제의 관점에서 부여와 익산 등 2곳의 수도를 두었다는 설 ▶ 보덕국의 왕궁이었다는 설 등 다양한 관점과 견해가 제시된 바

| 익산 왕궁리 오층석탑 |

| 왕궁리 유적의 대형 건물지 |

있다. 이 가운데 앞선 익산 쌍릉의 사례에서 볼 수 있듯 마한의 왕궁이라는 주장은 사실상 설득력이 없다. 이는 발굴 조사를 통해 왕궁리 유적에서 출토되는 유물의 상당수가 백제 후기의 것이라는 점에서 알 수 있다.

따라서 왕궁리 유적은 백제 때 조성된 왕궁일 가능성이 높은데, 이는 왕궁리 유적의 배치를 통해 알 수 있다. 왕궁리 유적의 전체적인 구조는 남으로 대형 건물지를 비롯한 건물들이 배치되어 있고, 북으로 정원을 두었다. 이 같은 조성 방식은 중국과 일본의 왕궁에서도 확인되고 있어, 왕궁리 유적이 왕궁의 형태였음을 짐

| 왕궁리 유적의 후원 |

작하게 한다. 또한 왕궁리 유적의 발굴 조사를 통해 확인된 수부
명 기와 및 와적기단 건물지, 대형 건물지 등이 확인되었다. 특히
대형 건물지의 경우 부여 관북리 유적에서 확인된 대형 건물지와
유사한 형태를 보이고 있다. 와적기단 건물지의 경우 관북리 유
적과 정림사지 등에서 확인되고 있고, 서울 혹은 도읍을 뜻하는
수부명 기와가 출토된 점을 볼 때 왕궁리 유적이 백제의 왕궁이
었을 개연성은 충분하다. 그렇다면 정말 백제는 익산으로 천도를
단행했던 것일까?

백제는 익산으로 천도했을까?

현재까지 익산 천도와 관련한 유일한 기록은 『관세음응험기』, 즉 "백제 무광왕이 지모밀지로 천도했다"라는 내용으로, 무광왕을 무왕, 지모밀지를 익산으로 비정한 것이 익산 천도설의 핵심이다. 여기서 중요한 사찰이 등장하는데, 바로 제석사지다. 제석사지는 『관세음응험기』에서 제석정사(帝釋精舍)로 등장하고 있는데, 현재 왕궁리 유적에서 멀지 않은 곳에 위치하고 있다. 실제 발굴조사를 통해 제석사(帝釋寺) 명문 기와가 출토되며 위치가 고증이 된 경우로, 『신증동국여지승람』에도 제석(帝釋)이 등장하고 있다.[127] 마치 부여의 '관북리 유적=정림사지'의 조합처럼 익산에서 '왕궁리유적=제석사지'가 확인된다는 점은, 왕궁과 연계된 사찰의 의미를 부여할 수 있다는 측면에서 어떤 형태로든 익산에 왕궁과 관련한 건물이 있었음을 말해주고 있다.[128] 반면 왕궁리 유적의 성격이 왕궁과 관련한 건물일 가능성이 있지만, 익산으로 천도했는지에 대해서 여러 견해가 상충하고 있다는 점은 감안할 필요가 있다.

현재 왕궁리 오층석탑이 상징하듯 사찰의 흔적 역시 함께 확인이 되고 있다. 즉 왕궁의 흔적과 사찰의 흔적이 교란되어 있는 복잡한 양상으로, 왕궁리 유적은 최초 왕궁으로 사용되다가 특정 시기 이후 사찰로 변화했음을 보여주고 있다. 이를 상징적으로 보

127　『신증동국여지승람』 권33, 익산군, "제석(帝釋) 동쪽으로 처음이 5리, 끝이 15리다."
128　이도학, 2010, 앞의 책, p. 151~154

| 익산 제석사지(상), 목탑지에서 바라본 모습(하) | 제석사는 『관세음응험기』에 나오는 제
석정사로 추정된다.

여주는 유물이 왕궁리 유적에서 출토된 왕궁사(王宮寺)명, 관궁사(官宮寺)명 기와 등이다. 또한 왕궁리 오층석탑은 백제계 석탑의 양식을 계승한 특징을 보이고 있으며, 폐사지가 된 뒤 석탑만 홀로 남게 된다. 앞서 소개한 『금마지』에 기록된 왕궁탑의 지명은 왕궁리 유적의 모습을 상징적으로 표현한 지명이라고 할 수 있다.

| 서산 마애삼존불 |

제 4 장

문화재를
통해
백제를
떠올리다

| 백제계 석탑의 원형인 부여 정림사지 오층석탑 |

01 백제계 석탑이
고려 때 나타난 이유는?

옛 백제의 영토인 충청도와 전라도 일대를 다니다 보면 탑과 관련한 유적이 제법 있다. 특히 탑만 덩그러니 남은 모습을 보고 있으면, 황성옛터의 한 구절을 떠올리게 한다. 그런데 이들 지역에서 확인되는 탑의 생김새를 보면 탑의 경상도에서 확인되는 신라계 석탑과 차이를 보인다. 보통 백제계 석탑의 경우 부여 정림사지 오층석탑, 신라계 석탑은 불국사 삼층석탑(=석가탑)의 형태가 기준점이다.

쉽게 백제계 석탑이라는 말 자체는 백제의 영향을 받은 탑이라는 의미가 되는데, 재미있는 점은 이런 탑들이 고려 때도 만들어졌다는 것이다. 백제가 망한지 수백 년이 지난 시점에 홀연히 백제계 석탑이 나타난 이유는 무엇일까?

백제 때 제작된 탑, 익산 미륵사지 석탑과 부여 정림사지 오층석탑

앞서 소개한 것처럼 백제에 불교가 전래된 것은 침류왕 때인

| 신라계 석탑을 대표하는 경주 불국사 삼층석탑(=석가탑) |

| **미륵사지 석탑의 문** | 내부는 심주석을 중심으로 십자 형태의 통로가 있다.

384년으로, 마라난타(摩羅難陀)가 백제에 오면서 시작된다. 최초 한산주(漢山州)에 사찰을 창건한 것을 시작으로, 백제의 전 지역으로 확산되었다. 보통 백제 사찰의 가람 배치는 1탑 1금당의 형태를 보이는데, 쉽게 부여 정림사지나 익산 제석사지를 떠올리면 된다. 따라서 사찰마다 탑이 세워진 것은 분명한 사실인데, 어찌된 일인지 백제의 탑은 미륵사지 석탑과 정림사지 오층석탑 등 단 2기만 남아있을 뿐이다.

이는 백제의 탑이 최초 목탑으로 만들어졌기 때문으로, 석탑에 비해 화재에 취약하다 보니 대부분의 사찰에서 목탑지만 남아 있

| **익산 미륵사지 석탑 중 동탑의 전경** | 미륵사지 석탑은 본래 9층으로 추정되며, 복원이 끝난 서탑과 함께 비교해보면 좋다.

다. 그런데 미륵사지 석탑을 보면 재질은 돌로 만든 석탑이지만 목탑의 형태를 반영하고 있다. 이를 상징적으로 보여주는 것이 바로 문 내부의 십자 형태의 공간이다. 즉 최초 목탑에서 석탑으로 변화하는 시점에 미륵사지 석탑이 있다고 볼 수 있다.

반면 정림사지 오층석탑의 경우 미륵사지 석탑과 달리 석탑의 형태를 보이고 있다는 점에서 기존의 목조 형태의 탑에서 탈피했다는 사실을 알 수 있다. 특히 정림사지 오층석탑이 의미가 있는 이유는 백제계 석탑의 원형이 된다는 점이다. 이후에 나타나는 백제계 석탑은 정도의 차이는 있지만, 정림사지 오층석탑이 기준이 된다는 점에서 그 의미는 남다르다.

고려 때 제작된 백제계 석탑의 유형: 순수 백제 석탑과 절충 양식 석탑

그런데 백제가 멸망한 뒤에도 옛 백제의 땅인 충청도와 전라도에서 정림사지 오층석탑의 형태를 계승한 백제계 석탑이 만들어졌다. 특히 고려 때 이러한 경향이 두드러지는데, 이 시기에 만들어진 백제계 석탑을 두 유형으로 구분할 수 있다. 우선 순수 백제 석탑의 형태로 정림사지 오층석탑과 유사한 형태를 보인다는 것이 특징이다. 대표적인 사례로 부여 장하리 오층석탑을 비롯해 정읍 은선리 삼층석탑 등을 들 수 있다. 반면 절충 양식 석탑의 경우 백제계 석탑의 양식에 일부 신라계 석탑의 양식을 혼용해서

| **고려 때 만들어진 백제계 석탑** | 순수 백제 석탑의 사례인 부여 장하리 삼층석탑

| 정읍 은선리 삼층석탑 |

| 진도 금골산 오층석탑 |

사용한 경우로, 진도 금골산 오층석탑과 정읍 천곡사지 칠층석탑을 들 수 있는데, 전라도에서 성행했다는 특징을 보인다.

이처럼 백제계 석탑을 통해 몇 가지 사실을 유추해보면 고려 때도 백제계 석탑이 만들어질 만큼 지방의 문화가 쉽게 변하지 않는다는 사실을 알 수 있다. 사실상 지역의 특색이라고 볼 수 있는데, 비록 백제는 멸망했지만 백제인이라는 인식은 사라지지 않고 오래 남아 있었음을 보여준다. 이러한 이유에서 신라 때 백제계 석탑이 자취를 감추었다가 훗날 고려의 통일 과정에서 두각을 드러낸 충청·전라 지역의 호족들에 의해 백제계 석탑이 나타나기

| **고려 때 만들어진 백제계 석탑** | 절충 양식 석탑의 사례인 정읍 천곡사지 칠층석탑

시작했다고 볼 수 있다.

한편 대부분 부여를 방문하게 되면 정림사지 오층석탑을 찾게 되지만, 장하리 삼층석탑에 대해서는 잘 모르는 경향이 있다. 앞서 본 것처럼 백제계 석탑의 원형이 되는 정림사지 오층석탑과 이를 모방해 만든 장하리 삼층석탑을 부여에서 동시에 만날 수 있다는 점은 의미가 있다. 이는 단순히 책으로 이해하는 이상으로, 문화재가 들려주는 역사의 흔적을 생각해볼 수 있다는 점에서 주목해볼 현장이다.

02 익산 입점리 고분과 지방 통치의 비밀을 담고 있는 금동관

한 번은 백제사의 권위자인 이도학 교수님께 "익산의 백제 문화 유적을 답사하려고 하는데, 어디를 가면 좋을까요?"라고 물어본 적이 있다. 이때 교수님께서 답해주신 장소들을 보면서, 의아하게 생각했던 곳 중 익산 입점리 고분이 있다. 앞서 소개한 익산 지역의 백제 역사 유적과 비교해볼 때 입점리 고분은 한참 떨어져 있고 외진 곳이다 보니 찾는 사람도 생각처럼 많지는 않다. 그런데 이런 곳을 왜 꼭 가보라고 추천했던 것일까?

입점리 고분이 조명을 받게 된 것은 지난 1986년으로 당시 마을의 한 고등학생이 칡을 캐던 중 석실을 발견, 금동관을 비롯한 유물이 발견되면서 세상에 알려지게 된다. 이에 발굴 조사를 거쳐 백제 시대의 고분으로 확인이 되었다.[129] 입점리 고분은 칠목재의 구릉에 여러 기의 고분이 밀집된 형태이며, 묘제 역시 다양해서 토광묘를 시작으로 횡구식 석실묘(=앞트기식돌덧널무덤), 수혈식

---

129 『문화재청(www.cha.go.kr)』 '익산 입점리 고분'

| 익산 입점리 고분 |

석실묘(=구덩식돌덧널무덤), 횡혈식 석실묘(=굴식돌방무덤) 등이 혼재되어 있으며, 이 가운데 다수는 수혈식 석실묘로 확인되고 있다. 현재까지 알려진 고분은 총 21기로, 이 가운데 19기가 백제 고분으로 추정되고 있다.[130]

이러한 입점리 고분 중 주목해야 할 고분은 단연 1호분으로, 널방과 널길을 갖추고 있는 횡혈식 석실묘의 묘제다. 또한 묘제만큼이나 관심을 끄는 것은 출토된 유물로, 금동관을 비롯해 금귀고

---

130 『전북일보』 2017년 5월 3일자. '입점리 고분 주인은 5C 백제 지배계층이었다.'

| 입점리 1호분(좌), 1호분의 내부 단면(우) |

| 공주 수촌리 고분에서 출토된 금동관 |

리, 금동신발, 유리구슬 및 장신구와 말갖춤, 철기 등의 유물이 확인되었다. 특히 금동관을 주목해서 볼 필요가 있는데, 대체로 이러한 금동관이 출토되는 지역은 옛 백제의 지역으로 경기도와 충청도, 전라도 등에서 확인이 되고 있다. 금동관이 출토된 대표적인 지역으로는 화성 요리, 천안 용원리, 공주 수촌리, 고흥 길두리와 함께 익산 입점리 등에서 유사한 형태의 금동관이 확인된 바 있다.

재미있는 점은 입점리 고분이 웅진으로 도읍했을 때의 고분 축조 방식과 유사성을 드러내고 있다는 점이다. 대표적으로 1호분의 경우 송산리 5호분과 유사성을 보인다는 점에서, 1호분에 묻힌 피장자가 웅진에서 파견된 왕족 혹은 귀족이거나, 웅진 시기에 입점리 지역에 영향력이 있던 지방 세력이면서 중앙과 밀접한 연관을 지닌 인물로 보인다. 출토 유물을 통해 5세기경에 조성된 것으로 추정되는 입점리 고분은 중앙과 지방의 묘제 양식이 동시에 나타나고 있어, 해당 시기 백제의 역사를 비롯해 익산 지역의 역사와 문화를 이해하는 데 있어 중요한 의미를 가진다.[131]

입점리 고분과 금동관이 들려주는 백제의 지방 통치

이처럼 금동관은 백제의 중앙과 지방의 관계를 이해하는 데 있어 중요한 지표 유물이 된다는 점에서 의미가 있는데, 백제의 왕이 지방의 유력한 세력에게 위세품을 하사하는 방식이었다는 것을 알 수 있다.[132] 출토되는 위세품(威勢品)을 보면 금동관이나 금동신발, 장식큰칼과 계수호와 청자, 유약 바른 도기 등의 중국제 도자기류다. 그런데 이러한 위세품이 출토되는 묘제 양식이 다양하게 나타난다는 점은 백제의 중앙과 지방의 정치와 문화가 일치하지 않을 수 있다는 것을 보여준다.[133]

131 『문화재청(www.cha.go.kr)』 '익산 입점리 고분'

132 이한상, 2007, 『위세품(威勢品)으로 본 고대국가의 형성』, 한국고고학회

133 이문형, 2015, 『제작기법과 문양을 통해 본 백제 금동신발의 편년』, 중앙문화재연구원

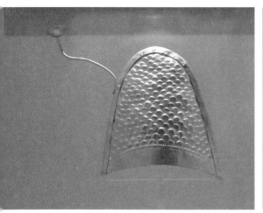

| 입점리 1호분에서 출토된 금동관(좌), 일본 규슈 구마모토현 에다후나야마 고분에서 출토된 금동관(우) |

　지난 2018년 4월, 하남 감일 공공주택지구 조성 사업 과정에서 발견된 감일동 고분군에서 횡혈식 석실묘의 묘제 양식이 확인되었다. 또한 중국제 도자기인 청자 계수호를 비롯해 부뚜막형 토기가 출토된 점은, 위세품을 통해 백제의 중앙과 지방의 통치 관계가 형성되었음을 보여준다. 한편 입점리 고분에서 출토된 금동관은 당시 왜와의 관계를 보여주고 있는데, 바로 일본의 규슈 구마모토현의 에다후나야마 고분에서 출토된 금동관과 마치 쌍둥이처럼 같은 모습을 보여주고 있다. 즉 이 시기 백제와 왜 사이에 문화 교류가 활발하게 이루어지고 있음을 보여준다. 이처럼 기록이 많지 않은 백제의 역사에 있어 입점리 고분과 이곳에서 발견된 금동관은 백제의 지방 통치와 웅진 시기를 이해하는데 있어 중요한 의미를 가진다.

| 정읍 보화리 석조이불입상 |

처음 부여를 방문했을 때 정림사지 오층석탑은 내게 문화재에도 이야기가 담겨있다는 것을 알게 해주었다. 그 뒤 백제에 대한 관심을 가지면서, 미처 몰랐던 백제의 진면목을 알아가는 시간이었다. 이번 책에 수록된 사진이나 내용은 지난 2년간의 탐방을 정리하는 내용이다. 하지만 아직 탐방을 하지 못한 지역이 더 많기 때문에 어떻게 보면 미완성의 책이라 할 수 있다. 처음 백제에 대해서 어떻게 접근할까 고민하다가 도읍을 중심으로 한성백제, 웅진백제, 사비백제로 구성했다. 여기에 도읍 내지는 도읍에 준하는 기능을 했을 것으로 여겨지는 익산을 포함했는데, 개인적으로 정읍과 논산 등도 조명해보고 싶었으나, 책의 분량이나 주제의 범주가 벗어나 다음을 기약해야 했다.

이번 책을 집필하면서 많은 분들의 도움을 받았다. 우선 자료를 제공해준 이도학 교수님, 여러 조언을 해주신 김성태 박사님과 김준혁 교수님, 마하리 고분군과 구진벼루 등의 사진을 제공해준 류순자 선생님과 이건일 선생님 등, 이 책의 완성도를 위한 여러 사람들의 노력이 있었음을 밝힌다. 그런데 최근 홍수처럼 쏟아지는 인터넷의 정보 속에서 엉터리 주장을 하는 사람들을 볼 수 있다. 가령 사비성이 부여가 아니라 중국에 있다거나, 무령왕릉이 조작되었다는 등의 터무니없는 주장이 남발되고 있다. 지금의 부여가 사비성이라는 것은 이 책에서 소개하는 수많은 문화재들이 말해주고 있는데도 말이다. 그리고 거기에 동의하지 않으면 식민사학을 추종한다며 비난을 하고, 취사선택된 사료의 일부를 근거로 현장에서 나온 유물의 가치와 의미를 외면하는 이들의 행태는 비난을 받아야 한다.

흔히 역사를 해석의 학문이라고 하는데, 해석은 명확한 근거에 따라 언제든 변할 수 있다. 당장 무령왕릉의 발견이 백제의 역사에 어떤 영향을 미쳤는지를 생각해 본다면 일부 사료만을 맹신해 허황된 주장을 펼치는 이들의 행태는 말 그대로 사이비 역사학 그 이상도 이하도 아니다. 물론 이 책이 완벽하다는 것은 아니다. 책에 나온 내용보다 더 명확한 근거나 유물이 나온다면 이 책의 해석은 언제든 바뀔 수가 있다는 것을 전제한다. 그렇기에 책을 집필할 때 문헌 + 유물 + 현장 등을 함께 조명하면서 최대한 보수적으로 해석하고자 했다.

생각해보면 백제는 삼국 가운데 가장 먼저 멸망한데다, 고구려나 신라에 비해 덜 조명이 되었다는 점은 부정할 수 없다. 그럼에도 우리가 백제를 조명해야 되는 건 검이불루 화이불치(儉而不陋 華而不侈)에서 볼 수 있듯, 단순히 영토의 범위를 넘어선 문화사적 의미에서 우리에게 많은 의미와 영감을 주기 때문이다. 실제 공주와 부여, 익산의 백제 유적이 유네스코 세계유산으로 등재된 것 역시 문화사적 교류가 큰 영향을 미친 것임을 알 수 있다. 때문에 지난 2년간 옛 백제의 흔적을 찾아 떠난 여행은 그 자체로 내게 의미 있고, 백제에 대한 생각을 바꾸게 해준 중요한 계기가 되었다. 따라서 그 흔적을 찾아가는 과정은 내게 즐거움의 하나였다. 아무쪼록 이 책이 여러분의 백제 탐방에 많은 도움이 되기를 바란다.

주로 책에서 소개한 백제 문화재를 중심으로 추천 탐방 코스와 간략한 정보 등을 기재했다. 입장료의 경우 금액의 변동이 있을 수 있는 관계로, 징수 유무만 표기했다. 따라서 별도의 표기가 없는 곳은 입장료가 없다. 또한 박물관의 경우 매주 월요일 휴무라는 점을 참고하시면 좋다.

(* 표시는 유네스코 세계문화유산 백제역사유적지구에 포함이 된 곳임)

서울

순번	문화재 등급	문화재명	주소	비고
1	사적 제11호	서울 풍납동토성	서울특별시 송파구 풍납동 72-1 일원	천호역 10번 출구
2	사적 제297호	서울 몽촌토성	서울특별시 송파구 올림픽로 424(오륜동 88-3) 올림픽공원	몽촌토성역 1번 출구, 한성백제역 2번 출구, 한성백제박물관 인접
3	사적 제243호	서울 석촌동 고분군	서울특별시 송파구 가락로7길 21(석촌동 248)	석촌역 6, 7번 출구, 인근에 서울 삼전도비 위치

추천 탐방코스

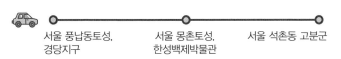

| 서울 풍납동토성, 경당지구 | 서울 몽촌토성, 한성백제박물관 | 서울 석촌동 고분군 |

🧭 공주

순번	문화재 등급	문화재명	주소	비고
1	사적 제12호	* 공주 공산성	충청남도 공주시 금성동 53-51	입장료 있음
2	사적 제13호	* 공주 송산리 고분군	충청남도 공주시 웅진동 55	입장료 있음
3	사적 제474호	공주 정지산 유적	충청남도 공주시 금성동 산1	정지산 터널 위, 송산리 고분군에서 이동 가능
4	명승 제21호	공주 고마나루	충청남도 공주시 웅진동 452-1	곰사당과 웅진단터가 있음
5	사적 제460호	공주 수촌리 고분군	충청남도 공주시 의당면 수촌리 223-4	
6	국보 제160호	무령왕릉 은팔찌	충청남도 공주시 관광단지길 34(웅진동 360), 국립공주박물관	월요일 휴무
7	국보 제161호	무령왕릉 청동거울 일괄		
8	국보 제163호	무령왕릉 지석		

🪧 추천 탐방코스

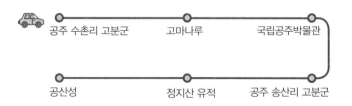

공주 수촌리 고분군 — 고마나루 — 국립공주박물관

공산성 — 정지산 유적 — 공주 송산리 고분군

🧭 부여

순번	문화재 등급	문화재명	주소	비고
1	사적 제58호	* 부여 나성	충청남도 부여군 부여읍 능산리 산67	
2	사적 제428호 / 사적 제5호	* 부여 관북리 유적과 부소산성	• 관북리 유적 : 충청남도 부여군 부여읍 성왕로 229–16(사적 제428호) • 부소산성: 충남 부여군 부여읍 부소로 31(사적 제5호)	• 부소산성의 경우 입장료가 있음 • 낙화암, 고란사, 조룡대를 함께 볼 수 있음
3	사적 제14호	* 부여 능산리 고분군	충청남도 부여군 부여읍 능산리 388–1	입장료 있음, 능산리사지와 의자왕 단을 함께 볼 수 있음
4	사적 제427호	부여 왕흥사지	충청남도 부여군 규암면 신리 32–1	
5	사적 제301호	* 부여 정림사지	충청남도 부여군 정림로 83 정림사지	입장료 있음, 정림사지 오층석탑 (국보 제9호)
6	사적 제135호	부여 궁남지	충청남도 부여군 부여읍 동남리 117	
7	사적 제4호	부여 가림성	충청남도 부여군 임천면 성흥로97번길 167(군사리 산1–1)	성흥산성. 부여 대조사 인접
8	충청남도 기념물 제49호	천정대	충청남도 부여군 규암면 호암리 산5	

9	충청남도 기념물 제32호	호암사지	충청남도 부여군 규암면 호암리 164-4	
10	보물 제194호	부여 석조	충청남도 부여군 부여읍 금성로 5 (동남리 산16-9) 국립부여박물관	월요일 휴무
11	보물 제21호	당 유인원 기공비		
12	국보 제288호	창왕명석조사 리감		

 추천 탐방코스

A 코스

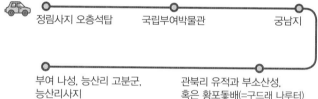

정림사지 오층석탑 ── 국립부여박물관 ── 궁남지

부여 나성, 능산리 고분군, 능산리사지 ── 관북리 유적과 부소산성, 혹은 황포돛배(=구드래 나루터)

B 코스

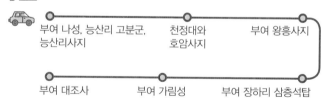

부여 나성, 능산리 고분군, 능산리사지 ── 천정대와 호암사지 ── 부여 왕흥사지

부여 대조사 ── 부여 가림성 ── 부여 장하리 삼층석탑

익산

순번	문화재 등급	문화재명	주소	비고
1	사적 제150호	* 익산 미륵사지	전라북도 익산시 금마면 기양리 32-7	미륵사지 석탑 (국보 제11호)
2	사적 제1991호	익산 미륵사지 서탑 출토 사리장엄구	전라북도 익산시 미륵사지로 362 (기양리 104-1) 국립익산박물관	월요일 휴무
3	사적 제87호	익산 쌍릉	전라북도 익산시 쌍릉길 65 (석왕동 6-13)	
4	비지정	마룡지	전라북도 익산시 금마면 서고도리 383-12	연동저수지, 서동생가터
5	사적 제92호	익산토성	전라북도 익산시 금마면 서고도리 산50-3	
6	사적 제408호	* 익산 왕궁리	전라북도 익산시 왕 궁면 궁성로 666 (왕궁리 631-30)	왕궁리 오층석탑 (국보 제289호)
7	사적 제405호	익산 제석사지	전라북도 익산시 왕궁면 왕궁리 247-1	
8	사적 제347호	익산 입점리 고분	전라북도 익산시 웅포면 입점리 산174	
9	보물 제45호	익산 연동리 석조여래좌상	전라북도 익산시 삼기면 진북로 273 (연동리 산220-2)	

추천 탐방코스

A 코스

익산 미륵사지, 국립익산박물관   익산토성   마룡지

익산 제석사지   익산 왕궁리 유적   익산 쌍릉

B 코스

익산 왕궁리 유적   익산 제석사지   익산 쌍릉

익산 입점리 고분   익산 연동리 석조여래좌상   익산 미륵사지, 국립익산박물관

문헌기록

『고려사』 / 『관세음응험기』 / 『구당서』 / 『신증동국여지승람』 / 『금마지』 / 『남사』 / 『동사강목』 / 『북사』 / 『삼국사기』 / 『삼국유사』 / 『삼국지』 / 『송서』 / 『수서』 / 『수원군읍지』 / 『신당서』 / 『신증동국여지승람』 / 『양서』 / 『양직공도』 / 『여유당전서』 / 『위서』 / 『일본서기』 / 『자치통감』 / 『조선왕조실록』 / 『후한서』 등

보고서, 도록, 저서, 논문

국립중앙박물관, 2016, 『세계유산 백제전, 도록』

김아관, 허미형, 2001 「오산 독산성, 세마대지 시굴조사보고서」, 오산시, 기전문화재연구원

김원룡, 1978, 『노학생의 향수』, 열화당

김화경, 2010, 『백제 건국신화의 연구』, 영남대학교

노중국외, 2015, 『금석문으로 백제를 읽다』, 학연문화사

엄기표, 2005, 『백제왕의 죽음』, 고래실

유홍준, 2011, 『나의 문화유산답사기 3: 말하지 않는 것과의 대화』, 창비

이도학, 2003, 『살아있는 백제사』, 휴머니스트

이도학, 2010, 『백제 사비성 시대연구』, 일지사

이문형, 2015, 『제작기법과 문양을 통해 본 백제 금동신발의 편년』, 중앙
　　문화재연구원

이중환, 이익성 역, 2006, 『택리지』, 을유문화사

이한상, 2007, 『위세품(威勢品)으로 본 고대국가의 형성』, 한국고고학회

이희진, 2017, 『조작된 한성백제왕성』, 책미래

젊은역사학자모임, 2018, 『욕망 너머의 한국 고대사』, 서해문집

주류성, 2017, 『우리 시대의 한국고대사2』, 한국고대사학회

진인진, 2014, 『삼국시대 고고학 개론』, 대한문화재연구원

화성문화원, 2017, 『우리가 몰랐던 화성시 역사와 전통문화 돌아보기, 화
　　성의 역사인물편』

화성시, 2017, 『화성지역 고대 문화의 제양상: 고대의 화성을 그리다』

화성시사편찬위원회, 2007, 『화성시사1』

언론자료

『KBS』 2016.11.14. '몽촌토성서 '포장 도로' 발굴…고대 도로 중 최대'

『국립문화재연구소』 2018.7.18. '익산 쌍릉 인골, '백제 무왕'가능성 높아져'

『논객닷컴』 2018.7.2. '목이 부러진 토제마가 발견되는 이유는?'

『논객닷컴』 2018.6.18. '백제 멸망의 상징, 삼천궁녀가 정말 있었을까?'

『논객닷컴』 2019.1.10. '역사를 어떻게 바라볼 것인가?'

『논객닷컴』 2019.2.14. '신라왕릉과 사찰은 어떤 연관이 있을까?'

『뉴스1』 2018.12.20. '백제 무왕 추정 익산 쌍릉서 가장 긴 무덤길 확인…
　　왜 길까'

『뉴스타워』 2018.12.4. '수원과 화성, 오산에 남아 있는 백제의 흔적'

『동아일보』 2016.8.17. '백제 정지산 유적 빈전, 무령왕릉 지석으로 풀었다'

『동아일보』 2017.6.7. '백제시대 최고급 옻칠 갑옷, 왜 저수지 한가운데 묻혔을까'

『동아일보』 2017.11.21. '공주 정지산 유적, 백제 무령왕의 빈전 아니다'

『연합뉴스』 2011.4.13. '화성 길성리토성, 한성백제시대 축조 재확인'

『연합뉴스』 2018.12.5. '30년 만에 정식조사했지만… 송산리 고분군 석축 성격 규명 무산'

『연합뉴스』 2019.2.20. '문화재가 땅 밑에…3기 신도시 건설 차질 빚을 듯'

『오마이뉴스』 2018.3.20. '사라진 백제의 첫 도읍, 하남 위례성은 어디에?'

『오마이뉴스』 2018.3.23. '적석총을 통해 백제가 어디에서 왔는지 알 수 있다'

『오마이뉴스』 2018.3.26. '백제가 두 번째 수도로 웅진을 택한 까닭'

『오마이뉴스』 2018.3.30. '공주 공립학교 교사, 사실은 도굴꾼이었다'

『오마이뉴스』 2018.4.4. '한국 고고학의 흑역사로 기록된 무령왕릉 발굴'

『전북일보』 2017.5.3. '입점리 고분 주인은 5C 백제 지배계층이었다'

『화성저널』 2018.2.13. '마하리 고분군과 요리 고분의 금동관'

이야기가 있는 백제

문화재로 만나는
백제의 흔적

초판 1쇄 인쇄 2019년 04월 12일
초판 1쇄 발행 2019년 04월 18일
지은이 김희태

펴낸이 김양수
편집·디자인 이정은
교정교열 박순옥

펴낸곳 휴앤스토리
출판등록 제2016-000014
주소 경기도 고양시 일산서구 중앙로 1456(주엽동) 서현프라자 604호
전화 031) 906-5006
팩스 031) 906-5079
홈페이지 www.booksam.kr
블로그 http://blog.naver.com/okbook1234
이메일 okbook1234@naver.com

ISBN 979-11-89254-19-3 (03910)